4·16구술증언록 잠수사 제2권

그날을 말하다

잠수사 황병주

4·16구술증언록 잠수사 제2권

그날을 말하다

잠수사 황병주

4·16기억저장소 기획 편집
(사) 4·16세월호참사가족협의회 지원 협조

한울

일러두기

1. 음절로 식별 가능한 소리를 들리는 대로 전사하는 것을 원칙으로 한다.

2. 의미를 파악하기 위해 추가 설명이 필요할 경우 [ ]로 표시한다.

3. 몸짓, 어조 등 비언어적 행위는 ( )로 표시한다.

4. 구술자가 말을 잇지 못해 말줄임표를 사용하는 경우 ……, …로 길고 짧음을 표시한다.

5. 비공개 영역은 〈비공개〉로 표시한다.

6. 비공개해야 하는 희생자 형제자매의 이름은 ○○, △△ 등의 도형기호로, 생존자의 이름은 A, B, C 등 알파벳 대문자로 표시한다.

7. 비공개해야 하는 제3자는 직분이나 소속, 성만 공개하고, 이름은 ××로 표시한다. 비공개해야 하는 숫자는 자릿수에 상관없이 □로 표시하며, 지명은 □□로 표시한다.

　4·16기억저장소에서는 세월호 참사 5주기를 맞아 구술증언 수집 사업의 결과물 일부를 100권의 책으로 발간하게 되었습니다. 이 사업은 2015년 6월부터 다양한 학문 분야 구술 연구자들의 자발적인 참여로 진행되어 왔으며, 세월호 참사를 좀 더 정확하고 다각적으로 기록하고 기억하고자 하는 노력의 일환으로 수행되었습니다.

　2014년 참사 발생 이후, 참사 피해자들의 목격담과 경험은 안타깝게도 공식적인 국가기관과 언론의 기록 속에서 철저히 소외되거나 왜곡되었습니다. 그것은 세월호 참사가 우리에게 안긴 죽음과 고통의 충격만큼이나 우리 사회의 끔찍한 비극이었습니다. 따라서 사업을 진행하면서 세월호 참사 희생자 가족, 생존자, 생존자 가족, 어민, 잠수사, 활동가, 기자 등등, 참사의 초기 과정을 직접 경험한 분들의 증언을 우선적으로 수집했습니다. 구술자는 이 사업의 취지와 방식에 개인적으로 동의한 분 중에서 선정했으며, 참여 과정에 어떠한 금전적 보상이나 이익이 제공되지 않았습니다. 또한 구술증언 수집 사업을 진행하는 동안, 면담자는 연구자이자 참사를 겪은 공동체 시민으로서 최대한 윤리적이고자 노력했습니다.

구술자마다 매회 약 2시간씩 3회를 원칙으로 음성 녹취와 영상 촬영을 하는 방식으로 진행되었고, 증언의 일관성을 확보하기 위해 면담자는 큰 틀에서 공통 질문지를 사용했습니다. 공통 질문지의 내용은 참사와 구술자 간의 관계성에 따라 차이가 있지만, 유가족 구술의 경우 1회차 '참사 이전의 삶, 팽목항과 진도에서의 경험, 자녀에 대한 기억'을, 2회차 '참사 이후 투쟁과 공동체 활동 경험'을, 3회차 '참사 이후 개인 및 가족이 경험한 삶의 변화와 깨달음, 자녀의 현재적 의미'를 중심으로 했습니다. 이처럼 증언 내용은 참사 이전에서 시작해 참사 발생 당시의 경험과 이후의 변화 과정까지 폭넓게 수집했고, 면담자는 구술 채록 과정에서 구술자의 발화를 최대한 존중하고자 했으며, 무엇보다 각자의 특수한 경험과 다른 시각을 충실히 반영하고자 했습니다.

이 구술증언록의 발간을 위해, 채록된 음성 자료는 문서로 변환해 구술자와 함께 검토했고, 현재 시점에서 공개할 수 있는 영역과 할 수 없는 영역으로 구별했습니다. 따라서 책에 실린 내용은 모두 구술자로부터 공개를 허락받은 부분입니다. 비공개 영역은 추후 구술자의 동의를 받아 적절한 절차를 거쳐 추가로 공개될 수 있으리라 생각합니다.

이 구술증언록 100권에는 그동안 우리 사회에 왜곡되어 알려지거나 잘 알려지지 않았던, 참사 발생 직후 팽목항과 진도 혹은 바다에서의 초기 상황에 관한 중요한 증언이 포함되어 있습니다. 또한, 자녀를 잃는 잔인하고 애통한 상황을 겪으면서도 그 누구보다 강인한 정치적 주체로 성장할 수밖에 없었던 유가족의 마음과 경험을 구체적으로, 그리고 여러 각도에서 살펴볼 수 있습니다. 그 외에도, 이 구술증언록은 2014년을 전후한 한국 사회의 여러 측면을 드러내는 귀중한 자료가 되리라고 생각합니다. 무엇보다 국내외의 많은 분이 이 책을 읽어, 장차 세월호 참사의 진상 규명과 역사 서술에 기여할 수 있기를 바랍니다.

구술증언 수집 사업이 진행되고, 책으로 출간되기까지 많은 분의 도움과 지지가 있었습니다. 이 지면을 빌려 부족하나마 감사의 말씀을 전하고자 합니다.

먼저 (사)4·16세월호참사가족협의회와 4·16기억저장소에 감사를 드립니다. 이분들의 신뢰와 적극적인 협조가 없었다면, 이 사업은 처음부터 시작할 수조차 없었을 것입니다. 또한 어려운 정치 환경 속에서도 사업의 취지에 공감해 재정 지원을 결정해 준 아름다운가게와 역사문제연구소에 감사드립니다. 두 단체 덕분에, 이 사업을 4년 동안 계속해 올 수 있었습니다. 그리고 구술증언록 100권의 발간에 동의하고, 바쁜 일정에도 출판 실무를 기꺼이 맡아주신 한울엠플러스(주)에도 감사를 드립니다. 이 외에도 많은 개인과 단체가 직간접적으로 많은 도움을 주시고 격려해 주셨습니다. 여기에 모두 밝히지 못하는 것을 죄송하게 생각합니다.

　말할 필요도 없이, 가장 크고 또 가슴 아픈 감사는 구술자 한 분 한 분께 드리고자 합니다. 이 책이 발간될 수 있었던 것은, 무엇보다 용기를 내어 아픔과 고통의 기억을 다시 떠올리고 장시간 진심으로 이야기를 해주신 구술자가 있었기 때문입니다. 오랜 시간 이야기를 나누며 함께 공감하기도 했지만, 그 아픔과 고통을 어떻게 가늠할 수 있을까 싶습니다. 더 큰 도움이 되지 못함을 안타까워하며, 이 구술증언록 100권의 발간이 피해자분들에게 조금이라도 위로가 될 수 있기를 기원합니다.

2019년 4월

4·16기억저장소 구술팀 책임자
서울대학교 인류학과 교수 이현정

차례

■ 1회차 ■

잠수사 황병주

황병주는 세월호 참사 현장에서 희생자들 수색에 초기부터 참여했던 잠수사 중 한 명이다. 황 잠수사는 참사의 소식을 안타까운 마음으로 지켜보고 있다가 공우영 잠수사의 연락을 받고 한걸음에 진도로 달려갔다. 2014년 4월 20일부터 수색에 참여한 그는 하루에 10시간 이상씩 혼신의 힘을 다해 잠수 일에 몰두했다. 그 후 잠수 후유증으로 골괴사와 트라우마 판정을 받은 그는 평생직업이던 심해잠수 일을 더는 할 수가 없다. 황 잠수사는 자살을 시도할 만큼 심한 고통에 시달렸지만, 세월호 참사에 따른 피해자의 한 사람으로서 유가족들과 함께 세월호 참사의 진상을 규명하는 데 끝까지 최선을 다 해야겠다고 오늘도 결심한다.

황병주의 구술 면담은 2016년 12월 19일, 26일, 2회에 걸쳐 총 5시간 40분 동안 진행되었다. 면담자는 이현정, 촬영자는 김솔이었다.

구술자 본인의 프라이버시나 제3자의 프라이버시를 보호해야 할 부분을 제외하고는 구술자의 발화를 있는 그대로 전사했다.

1회차

2016년 12월 19일

1
시작 인사말

면담자　　　본 구술증언은 4·16 사건에 대한 참여자들의 경험과 기억을 기록으로 남김으로써 이후 진상 규명 및 역사 기술에 기여하고자 합니다. 지금부터 잠수사 황병주 씨의 증언을 시작하겠습니다. 오늘은 2016년 12월 19일이며, 장소는 부천역 인근 스터디카페 더 위너입니다. 면담자는 이현정이며, 촬영자는 김솔입니다.

2
구술 참여 동기 및 바람

면담자　　　먼저 본 구술증언 사업에 참여하게 된 동기가 무엇인지 여쭤볼게요.

황병주　　　어…, 동기라기보다요. 저번 때 김상우 잠수사[가 구술증언을] 먼저 했다고. 김관홍, 고 김관홍 잠수사 [장례식] 상황 때 교수님을 뵀어요, 그때 처음. 김상우 잠수사[가] 그때 [자기는] 전에 [구술증언] 했다고 소개를 시켜줘서 그때부터 뵀거든요.

면담자　　　김익한 교수님요?

황병주　　　네. "형도 나중에 해야 된다" 그래서 "알았어" 그리고 그냥 그러고 봬서, 어… 그렇게 됐고. 또… [4·16]기억저장소라고 그래서, 사실 모르신 분도 많이 있을 거고, 저희 역시도 매스컴 같은 데는 여지

[태]껏 나왔던 게 많이 오보나 이런 거라고 생각하니까, 내가 진짜 겪었던 거, 뭐 이런 거를 따로 이야기하고 싶고, 그래서 참여하게 됐어요.

면담자   본 구술증언이 어떠한 목적으로 사용되기를 바라시나요?

황병주   목적은 앞으로에 그… 이런 사고가 안 일어나야 되겠고 첫째는, 첫 번째는, 그리고 사후 처리 이런 것도 너무 미비한 거 같고, 그래서 뭐 그런 것들….

3
근황

면담자   지금 주로 어떠한 활동이나 일을 하고 계신가요? 지금 잠수사 일은 중단하신 걸로 제가 알고 있는데요.

황병주   네, 잠수 일은 못 하구요. 생계를 위해서, 그러니까 밤에 대리운전 하고 있구요. 다른 또 병원 계속 다니고 있구요.

면담자   4·16 이후에 이 잠수사 일을 마음도 많이 불편하시고 어려우셔서 그만두시고, 사실 많이 안 좋으셔서 또 약도 드시고 힘드신 일이 있는 걸로 제가 알고 있어요. 밤에 대리운전 하시는 거나 이런 일이 어떻게… 하실 만하신가요? 아니면… (황병주 : (한숨)) 어쩔 수 없이 그냥 하시는 건가요?

황병주   어쩔 수 없이 하는 거구요. 어차피 지금 투석을 하고 있는 상황이기 때문에 다른 일을 할 수 없어서 어쩔 수 없이 하는 거고, 또 투석을 하는 날은 좀 많이 피곤해서 [대리운전도] 잘 안 하는 날이 많이 있고. 또 안 하는 날을 좀 하고 그러다 보니까 좀 불규칙해요, 불규칙하고. 뭐 생활의 질은 말할 수가 없이 어려운 상황이고, 네. 세월호 이후와 세월호, 세월호 이전과 세월호 이후의 삶은 너무나 많은 차이가 있어 갖고요. 세월호가… 저 개인적으로는 제 삶을 완전히 망가뜨려 놓은 그런 거죠.

4
치료비 지원 소송

면담자   사실 이거는 좀 더 나중에 여쭤봐야 하는 건데, 말씀하셨으니까 여쭤볼게요. 지금 생계 지원이라든지 질병과 관련된 치유와 관련된 지원이라든지 그런 도움을 받고 계신 것이 있으신가요?

황병주   〈비공개〉 국가적인 지원은 오늘까지, [아니] 내일까지 치료를 받을 수가 있게 지원을 해줘요, 내일까지. 내일 이후에는 "치료비가 지원이 안 된다"고 그래요. 내일까지 "[치료비] 그 저거는 수난보험법에 의해서 보상을 해준다"고…. 지금 보상을 다 받은 그런 상황이에요. 보상 자체가 기준이 너무나 모호해서, 너무. 지금 일단 [보상을] 받고 이의신청을 하고, 이의신청이 안 되면 지금 저 같은 경우에는 행정소송을 준비를 하고 있어요. 저 같은 경우에는 다른 건 모르지만, 신장이 그 상태에서, 거기에서 많이 아팠던 거를 전혀 반영을 안 해줘

19
•

서. 그리고 저희 그… 전문, 그니까 의사, 그동안에 [제가] 치료받았던 그 의사는 그 당시에, 세월호 당시에 "[신장이] 많이 안 좋아졌다" 이렇게 [진단을 해서] 그… 그니까 의무기록을 그 [시기] 전에 것, 그 이후에 것[을] 다 냈어요. 근데 거기에서 5월 달부터 8월 달까지 그 기간 동안만 [신장이] 굉장히 많이 갑자기 나빠진, 그 전에도 계속 유지하고 있었고 그 끝나고 나서도 그 나빠진 상태로 계속 유지하고 있는데, 고 상태 거기에서만 많이 나빠진 게 명백하게 [기록이] 있는데도 그걸 인정을 안 해줘서 거기에 대한 보상을 못 받고 있는 상황이거든요.

아직 보상을 받지 않았지만 "내일 아마 준다"고 그래요. 어, 그래서 그건 뭐… 지금, 오늘 아까도 거기 가기 전에 오전에 변호사도 잠깐 만났었는데, 그건 이제 행정소송 하고 이의신청, [변호사가] "이의신청 먼저 하고 행정소송 하자"고 그러더라구요. 음… 그런 판례는 있대요, 보상 그런 거 해줬고, 대법원 판례가 "보상을 해줬던 판례가 있다"는 거예요. 그런데 해경은 그걸 무시를 하고 [있고] 이제 저희 심사하는 의사들이 전문가가 아니고 일반 의사였나 봐요. 일반 의사들이 해서… "원래 갖고 있었던 질병이기 때문에 세월호에서 보상해 줄 수 없다" 이렇게 된 거 같아요. 그게 원래… 그 수난구호법에는 원래 갖고 있었던 질병이래도 악화가 됐으면 어떤 저걸 해준다 그랬었는데 그건… 하여튼 뭐, "이 가운데는 없다"고 그러더라구요.

면담자   그 의사는 어떻게 알게 된 의사인가요? (황병주 : 어떤 의사요?) 지금 말씀하신 "원래부터 가지고 있는 병이라서 이것을 보상을 받을 수 없다"고 말했던 그 의사는.

황병주   저희들은 몰라요. 공개를 안 해요.

면담자   그러면 그 의사는 언제 만나서 진단을 받으셨나요? 어디서?

황병주   어떤 진단서요?

면담자   지금 말씀하신 그 의사가 말하기를 예전에 가지고 있었던….

황병주   아, 그거는 저희가 이제 진단서나 의료기록, 이런 거를 다 냈기 때문에 그걸 보고 [그 의사가] 이야기를, 판단한 거고.

면담자   아, 그걸 보고 이제 국가에서 판단할 때.

황병주   의사가 자문을 했나 봐요. 자문위원들이 있었는 것 같더라구요, 자문 전문위원들이. 그러니까 심의위원들이 해경 말로는 한 뭐 "20명 가까이 된다"고 그래요. 그게 각 부처에 한 명씩 하고, 뭐 그런 기준이 있드라고요. 그러고 아마 이제 의사 한두 명, 또 전문가 뭐 이렇게. 전문가 이런 사람들은, 처음에는 그… 해경 거기에 인제 조정관이라는 분? 이춘재 씨 이런 분? 저희가 현장에서 같이 일했던, 지금 해경에 실질적인 넘버 투, 이분[이] "보상을 해준다"고 그래서, 원래는 그러니까… 처음에 나왔을 때는 [해경에서] "산재에 준하는 보상을 해주겠다"고 해줬어요. 그때 당시 이제 김석균 청장이 우리[가] 병원에 있는데 병원에 와서, 그것도 오라고 한 것도 아니고 자기가 와서 "산재에 준하는 보상을 해줄 거니까 여러분 걱정하지 말고 치료를 잘 받고 있어라" 이렇게 하고 갔는데, 그게 인제 그 산재에 준한 게 안 된 거고, 보상 자체가 안 된 거였죠. 그때 당시에 그러고 가니까 그다음 날, 그다음 날엔가? 그다음 날에 목포 산재 담당관도 왔었고, 목포 산재 담당

부장도 왔었고 그리고 해경 담당관이 왔었어요. 그래서 그때 당시에 이제 목표 해경, 아니 목포 산재 담당 보건복지부, 보건복지부에다 근로복지공단 거기에서 그분이 "여러분은 산재는 안 됩니다. 국가기 때문에 산재는 안 됩니다. 근데 해경에서 산재에 준한 보상을 해준다고 하니 내가 여러분을 도와주러 왔습니다" 하고 왔어요, 같이, 해경의 담당자하고 같이. 그래서 "지금 여러분은 어느 정도니까 아마 어느 정도 급수 정도는 될 거 같다" 이런 이야기까지 다 하고, 그러면 빨리빨리 해서 이제 보상, 그때 당시에 또 바로 "보상을 하게 서류를 내세요" 하고 [그래서] 이제 [우리가] 서류를 다 만들어서 냈어요, 처음에.

그랬는데 그게 이제… 해경에서는 [보상을] 해준다고, 해줄라고… 모르겠어요. 해줄라고 자기들은 했는데 도청에서 그게 뭐 지자체기 때문에 도청으로 행정 서류가 갔는데, 도청에는 "수난구호법에 부상을 입은 자는 치료를 해준다", 어… "장애 등급을 받아 와야지만이 보상을 해줄 수 있다" 이렇게 이제 "수난구조법 29조 3항엔가 있다"고 그래요, 그게. "그래서 보상을 못 해준다" 도청에서 그래서 인제, "그래서 저희들을 못 해준다"고 그런 거예요. 그래서 우리는 인제 도청을 내려갔어요. 매스컴도 가고 그러니까 가서 그랬는데, 도청 관계자가 나와서 "빨리 처리를, 빨리 일단 처리를 하겠다" 해놓고는 그 담당자가 이 건을 법제처에다 의뢰를 했어요. "수난구호법에 부상자는 안 해주게 돼 있고 부상 등급을 받아 와야 되는데 어떻게 해야 되냐?" 법제처에서 "애매하다, 이거는. 그런데 니네들끼리 해결을 해봐라" 하고 그 [합의] 기간을 줬어요. "해경하고 합의해서 좀 해라. 여기 이것만 가지고 보상해 줄 순 없는데 해경하고 합의를 해라, 일단" 그래서 해경하고… 해경이, 자기네들이 "그럼 돈은 우리가 주는데 왜 니네가 왜 안 되냐?" 이런 식으로 했었나 봐요.

그래서 해경이 그러면은 [보상이] 안 된다고 하면은 의사상자를 신청을 해라, 의사상자. 보건복지부에도 의사상자 신청하고 의사상자 하면 의사상자법으로 해줄 거니까. 의사상자가 될 거 같다, 어차피 자원봉사로 왔고". 그리고 우린 돈을 받은 게, 돈을 안 받았었으니(헛웃음), 돈을 달란 말도 안 했는데 [해경이 나중에 지급한 수당] 그것 때문에 지금 발목이 묶인 거예요. 그러니까 저기 뭐냐, "의사상자를 신청해라" 그리고 해경이 이제 의사상자 신청을 하는 걸 권유를 해서 의사상자 신청을 했어요. 근데 그게… 불인정이 됐죠. "비용을 받았다" 이런 걸로, 이제 "비용을 받았기 때문에 안 된다" 그래서 다시 한번 인제 제 그… 다시 또 [신청을] 했어요. 그런데 "어차피 똑같은 사람들이 심사를 한다"고 그러데요. '비용을 받아서 안 된다' 그래서… 지금 저만 대표로 소송을 하고 있어요. 아마 "요 다음 주 목요일, 아니 이번 주 목요일 날에 선고한다"고 그러더라구요. 지금 소송을 하고 있는 상황이에요.

면담자　　어떻게 황 잠수사님이 대표로 소송을 하시게 됐나요?

황병주　　음, 그건 인제 같이 동시에 다 하게 되면 잘못하면 졌을 경우에 한 사람당 변호사 비용을 300만 원씩은 물어야 된대요. 그러니까 여러 사람이 한꺼번에 하면 그 비용이 너무 많으니까 일단은 내가 대표로 해서 [의사상자가] 된다고 그러면 자동으로 [다른 사람도] 다 될 수 있는 거기 때문에, 변호사가 그렇게 [말]해서 그러면 "대표로 나 혼자만 하자" 해서 저 혼자만 하고 있는 상황이에요.

면담자   네. 말씀해 주신 것 중에 하나만 다시 확인할게요. 김석균 당시 해경청장이 병원에 와서 "내가 이것을 보상을 해주겠다"라고 했을 때, 그때가 대략 시기가 언제였고, 어디에서, 몇 분의 잠수사가 병원에 계셨나요?

황병주   그때 잠수사가 18명 정도가 있었구요, 18명 정도 있었고. 18명에서 하여튼 20명 정도 있었어요. (면담자 : 어느 병원인가요?) 삼천포서울병원이라구요. 왜 거기에 가 있냐면 거기가 잠수병을 치료할 수 있는 [잠수 감압] 챔버[submersible decompression chamber]가 거기가 있어요. 그래서 거기 가서, 거기 가게 됐고. 또 이제 병원, 처음에 [현장에서] 나올 때, 이제 나온 자체가 우리는 갑자기 [해경] 자기네들이 나가랬으니까 나간 거잖아요. 어떻게 됐든 간에 293명은 수습을 했는데, 그때까지 아무 말 안 하다가 11구 남겨놓고 "잠수 방법이 잘못됐다" 이런 이상한 논리를 갖고 와서. 거기에, 모르겠어요, 어떤 음모가 있어서 그랬는지 모르지만 저희들이 "나가라"고 그래서 나간 거거든요, 갑자기 그것도. 그러니까 그래서 그랬는지, 미안했는지 해경들은 거기에 근무, 같이 일했던 해경들은 잘 알잖아요, 같이 일을 했으니까다. 또 거기에 그때 당시에 해경 높은 사람들도 잘 알잖아요. 자기네들이 못 한 걸 우린 했었고 우리가 같이, 그 사람들이 눈 뜨고 봤으니까, 이춘재 국장, 그때 당시 그런 사람들도. 뭐… 자기네들이 어떻게 됐는지 너무 잘 알잖아요, 상황을. 그러니까 "아, 빨리 가서, 병원 가서 일단 몸을 좀 추스르고 해라" 그래 가지고 떠밀다시피 하고 병원을 간 거예요, 병원 간 것도.

그리고 병원 가서 7월 10일 날 갔는데, 어… 14년 7월 10일 날. 한 일주일 정도 있다 온 거 같아요, 청장이. 과일 바구니 하나씩, 개인별로 하나씩 딱 들고 왔고, 왔는데, 아마 오니까 왜 그게 왔는지 잘 모르겠어요. 그때 당시 일주일 정도 되니까, 가서 인제 병원에 있다 2, 3일 후쯤에 MRI를 찍었어요. MRI를 찍으니까 골괴사가 이제 나온 사람들이 몇 사람 있으니까, 처음에 이제 [사람들이] 안 찍으려다가 "어? 누구 골괴사 나왔다"고 그러는 거예요. 골괴사는 앞으로 잠수하는 데, 그러니까 그… 골괴사는 지금 현장에서, 예를 들어서 잠수하면은 현장에서는 산재 처리를 하거든요, 골괴사를. 근데 "골괴사 나왔다"고 그러니까 잘못하면 골괴사 나오면 다른 현장에 못 갈 수도 있으니까 그냥 전부 다 이제 MRI를 찍어본 거죠. 그러니까 이제 골괴사가, 한 여덟 명 정도가 골괴사가 나왔어요. [김석균이] 그래서 왔는지 어쨌는지 모르니까 하여튼 뭐 왔더라구요. 골괴사는 그때 당시에 산재에서 본 산재 담당 부장이, 거기 목포 지사 부장이 하는 말이 골괴사는, 그때도 그랬었거든요. "[골괴사는] 잠수병의 일종이고, 그 일종이고 직업병이니까, 직업병이기 때매 제일 마지막 현장에서 항상 치료를 해주게 돼 있다. 그러니까 여러분은 골괴사 여기서 나왔으니까 여기서 [치료를] 해야 된다. 앞으로 다른 산업체, 산업현장에 가서 골괴사 치료 보상을 못 받는다. 여기서 해야 된다" 이제 그래서 그런, 뭐 이런 걸 다 안내를 그 사람이 해준 거예요.

면담자   해경 담당관이 아니면 근로복지공단?

황병주   근로복지공단 담당. 그래서 그 자리에 해경 담당관도 다 있었고 어… 그러니까 그걸 도와주기 위해서 자기네들이, 또 해경은 잘 모르니까 그 사람을 데리고 온 거예요, 산재 그 사람을. [그런데 수난구조법에서는 산재로는 안 되기 때문에 이거를 "산재에 준[하는] 한에서 의사상자법으로 해준다" 이제 이렇게 된 거예요. 그래서 이제 그때 당시에 그랬고, 뭐 부랴부랴 신청들을 하고 했는데 인정이 안 된 거였죠. 그래서 지금까지 오게 된 거였고…. 이것도 아마 그 뒤로도 어차피 안 된다고 했으니까 안 됐을 건데, 저희들이 계속 매스컴에 [이런 문제를] 알리고 이런 거 때문에 나중에 다시 정청래 의원이 그걸 발의를 해서 문구 하나 딱 고친 거예요. 29조 3항에 "부상자도 보상을 해준다" 이것만 딱 고친 거예요. 그러니까 그 세부적인 거 전체를 다 고쳐야 하는데 고것만 고쳐놓으니까, 그 의사상자법[의사상자 등 예우 및 지원에 관한 법률]에는 부상자가 어떤 걸로 되어 있냐면은 부상은 얼마 정도 입원을 해서 어떻게 하고 이런 게 [명시가] 돼 있는 거예요. 그러니까 골괴사 같은 경우, 또 트라우마 같은 경우, 이런 건 전혀 아무것도 없는 거예요. 그러니까 뭐 지금 트라우마를 보통 8급을 해줬더라구요. 8급이라고 그래 갖고 보상금이 2100만 원이에요, 트라우마 8급 해갖고. 그러고 또 부상이 있으면, 다른 부상이 있으면 이제 거기에 1급, 한 급씩 정도 더 올려줘 갖고 해줬고. 트라우마로 그동안에 치료받고 한 사람들은… 8급 정도, 8급 이상 이렇게 해줬고 나머지 전부 다 9급 해줬더라구. 9급은 1000만 원이에요. 그 8억 6000이라는 금액으로 아마 해준 거 같아요, 전체를 다, 27명을. 사망자 2명은 이제 의사상자법으로 해서 2억 얼마씩, 2억씩 나눠주고. 4억 6000 가지고 25명이서 이제… 액수를 정해놓고 했는 건지 그건 잘 모르겠어요, 급수를 나눴는지 어쨌는지. 하여튼 전부 다 9급, 8급, 7급. 7급이 한 5명 되고, 8급이 2, 3명, 나머지 다 9급, 이렇게 했더라고요.

5
성장과정과 잠수사로의 삶

면담자　　네. 이후에 있었던 일들은 저희가 나중에 더 자세하게 그 과정, 과정을 여쭤봐야 할 거 같구요. 다시 처음으로 돌아와서 4·16 이전에 삶에 대해 조금 여쭤보겠습니다. 태어나신 다음에 유년 시절 그리고 학창 시절, 그리고 어떻게 잠수 일을 하시게 된 건지 그 과정을 편하게 이야기해 주시면 될 거 같아요.

황병주　　저는 어렸을 때 전라남도 강진에서 태어났는데 아주 깡촌이고 못살았어요, 저희 집도 물론 못살았고. 저는 어렸을 때는 운동을 좋아해 갖고요, 초등학교, 중학교 때는 야구선수를 했었어요. 시골이다 보니까 이제 도시로 나갈 기회가 없어 가지고 거기서 그냥 말았고, 그렇게 중고등학교를 그런 식으로 보냈고. 제가 인제 사회에 나와서 잠수를 하게, 배우게 된 동기는 이제 그… [잠수를] 대부분 군대에서 많이 하는데 저는 군대에서 한 게 아니고… 이제 제 선배가, 그 SSU를 나온 선배가 있어 갖고 그 선배가 우연히 만나서.

면담자　　고등학교 선배요? 아니면?

황병주　　밖에서, 밖에서 알고 지내던 형이. 그 형이 "잠수 한번 배울래?" 해갖고 이제 아주 우연한 기회에 친구랑 둘이 같이 했어요. 친구랑 둘이 같이 배웠는데, 그때 당시 저는 조그만 무슨 가게를 하고 있었는데.

면담자　　그때도 강진에 계셨나요, 쭉?

황병주   아니요, 서울에 있었어요. 서울에 올라와서, 서울은 고등학교 졸업하고 바로 올라왔어요.

면담자   아, 바로 올라오셨어요. 혼자 올라오셨나요? (황병주 : 네) 고등학교까지 강진에서 다니시고 혼자?

황병주   네. 그래서 뭐 배웠는데, 배우고 나니까 "야! 너 이 일 한번 해볼 생각 없냐?"고 물어보더라고요. 근데 전 그때 다른 가게를 하고 있었던 상황이에요. 그래서 "왜 그러냐?"고 그랬더니 "너무 잘할 거 같은데. 한번 해보지 않겠냐?"고 그러니까 친구가 옆에서 바람을 자꾸 넣는 거예요. "야! 이거 괜찮지 않냐?" 그래서 그냥 다 때려치[우]고 하게 된 거예요. 가게도 그냥 접고, 아무것도 안 하고 그냥 그 선배를 따라다녔던 거죠.

면담자   그럼 그 당시에는 황 잠수사님은 잠수를 군에서 배우신 것도 아니고 어디 가서 어떻게 배우셨어요?

황병주   그때 당시에요?

면담자   네. 그 선배는 SSU에 속해 있는 분인 거고, 그렇죠?

황병주   네, 네. 그때 당시에 서울에 삼원수영장이라고 있었어요. 그때는 이제… 지금은 인제 그런 풀장들이 여러 군데 있어 갖고 제도가 잘되어 있는데, 그때는 아무 그런 곳도 없고, 삼원수영장이라고 그래 가지고 잠수 풀이 있었어요, 하나가 딱. 거의… 서울에 거기 하나밖에 없을 거예요.

면담자   수심이 그만큼 깊이 돼 있고.

황병주　네, 수심 5미터 되는 데가. 다른 데는 다 없었죠. 나중에, 다 나중에 생겼고 그때는 없었어요. 거기 가서 배웠고, 그리고 그 이후에 일단 그 형님하고 같이 다니면서 이제 산업잠수의 길을 걷게 됐고, 그 이후에는 레저 강사자격증도 따고 레저 강사 생활도 하고, 세월호 이전에는 다시 레저 강사를 접고 다시 산업잠수를 하다가 세월호로 가게 된 거죠.

면담자　그러면 레저잠수를 하시는 분들도 있고 산업잠수를 하시는 분도 있는데, 제가 잘은 모르지만 산업잠수가 레저잠수보다 훨씬 어렵고 그런 거라고 알고 있어요. 그런데 어떻게 황 잠수사님은 그 두 개를, 그러니까 원래 산업잠수를 하시다가 레저잠수로 바꾸신 동기, 그리고 레저잠수를 하시다 다시 또 산업잠수를 하시게 된 까닭은 무엇인가요?

황병주　그게 이제 레저… 처음에 같이 그 형, 그 선배가 산업잠수도 같이 따라다니면서 했지만 나중에 다이빙 샵이라는 곳을 했어요. 거기에 내가 직원으로 있었죠, 다시. 직원으로 있나 보니까 거기는 레저도 하고 산업잠수도 하고 하는 곳이에요. 그러니까 레저 강사 자격증도 따게 됐고. 그러다가 거기 있다가 내가… 나 혼자 독립을 하면서 레저 쪽으로 다이빙 샵을 했죠. 그래서 다이빙 샵을 하다가 그게 뭐… 잘되지를 않아갖고 어… 뭐 빚만 좀 지고 다시 산업잠수로.

면담자　산업잠수는 혼자 뛰시면 되니까. (황병주 : 네, 네) 아, 그렇군요. 그러면은 잠수사님은 가족분들은 어떻게 되시나요? 형제자매들이 혹시 여럿이신가요?

황병주   저는 2남 4녀예요.

면담자   몇 째셨나요?

황병주   다섯째.

면담자   그러면 밑에 동생이 하나 더 있고요?

황병주   네, 여동생 하나요.

면담자   그러면 올라오실 때는 혼자 오시고요?

황병주   저 혼자 올라왔지만 어차피 이제 저희 형이나 누나는 서울에 있었으니까, 연고지는 있었으니까.

면담자   아, 그러셨군요. 그러면 군대는 어떻게?

황병주   군대는 [19]80년도에 갔다 왔죠, 80년도에.

면담자   그럼 잠수 배운 다음인가요?

황병주   아뇨, 아뇨. 군대 갔다 와서 나중에 배웠어요. 잠수는 85년, 86년 이때쯤 배웠으니까.

면담자   아, 그러시구나. 그러면 올라와서 일을 하시다가 군대 갔다 오시고 나서 다시 그 선배를 통해서 잠수를 배우신 거네요. 군은 그냥 일반 군으로 갔다 오신 거구요. (황병주 : 네) 그러면 잠수를 하신 다음에 어떠한 일을 주로 하셨나요?

황병주   저는 이제 그… 산업현장에, 먼저 산업현장에서 일을 했으니까, 산업현장에서는 처음에 가면은, 산업현장 가면 처음에 일을 못 해요. 이제 보조부터 시작하는, 잠수 보조부터. 그거부터 하다가, 이제 산업 [잠수 보조] 한 1년 정도 하다가 직접 물에 들어가서 일을 하게 됐고, 그게 한 몇 년 하다가 다시 이제 강사자격증을 땄고… 샵을 하면서는, 93년부턴가… 99년 정도까지 제가 샵을 했을 거예요. 그때 당시에는 인제 뭐 우리나라 경기가 한창 좋을 때니까, 많이 다녔죠. 해외로 어디로 이제 많이 다녔는데, 결국은 빚졌지만. 하여튼 그러다가 다시 산업잠수를 한 거죠.

면담자　　　그러면 99년 이후에 다시 산업잠수를 하신 건가요?

황병주　　　아뇨, 아뇨. 한 2, 3년 공백이 있었고, 2, 3년 정도는 (한숨 쉬며) 이것저것 쫓아다니고 하다가 또 그때 당시에 사기도 당하고 어쩌고 이런 것 때문에, 그런 거 뒤처리도 하는 바람에 한 3년 정도는 공백기가 있었던 거 같아요. 일도 못 하고, 이것도 못 하고 저것도 못 하고 그렇게 뒤치다꺼리하느라고. 그러다가 이제 다시 산업잠수를 하게 된 거죠.

면담자　　　그러면 산업잠수를 2000년대 들어오면서 다시 하신 거라고 볼 수 있을 것 같은데, 어떠한 일들을 하셨는지 여쭤볼게요.

황병주　　　음… 항만 공사, 배 인양 같은 거.

면담자　　　네, 그런데 저희가 잘 모르기 때문에 좀 자세하게 어떤 일인지 설명해 주시면 좋겠어요.

황병주　　　항만은 부두 공사예요, 부두, 배 접안하는 그 공사. 그러니까 토목 쪽에 속하는 거거든요. 부두를 만드는 거예요, 잠수사가. 물속에서… 그러니까 물속에서 부두를 이제, 그 블록이라는 게 있거든요? 그거 뭐야, 케이슨[caisson] 같은 거, 그거를 이제 부두를 만들기 위해서 먼저 작업을 밑에서 다 하는 거예요, 해서 그거를 이제 거치를 하는 건데. 이론은 굉장히 간단한 거예요. 그 "부두를 만들겠다" 그러면, 여기다 부두를 만든다고 그러면 만들 자리를 먼저 준설을 해요. 다 파서 거기다가 사석을 투하를 하고 맨 처음에는 큰 돌, 큰 사석을 투하를 하고 그다음엔 그걸 다져요, 침하되면 안 되니까. 다져서 그다음에는 그 조그마한 돌을 다시 뿌려서 그걸 이제 골라요, 물속에서.

면담자　　　그럼 지금 물속인 거잖아요?

황병주　　　네, 다 골라요. 물 위에서 그 평탄 작업을 하는 것처럼 물속에서 평탄 작업을 하는 거예요. 평탄 작업을 하면은 다 사람 손으로 하는데, 물 위에서[는] 다 기계로, 포클레인이나 이런 걸로 하는데 물속에서 그렇게 할 수 없으니까 인력으로 다 하는 거예요. (면담자 : 다 손으로요?) 손으로 다 하는 거예요. 그래서 이제 돌 투하를 적당량을 해서 그거를 다 골라가지고 똑같은 레벨[높이]로 다 맞추는 거예요. 똑같은 레벨로 다 맞춰서 그 위에다가 구조물을 얹히는 거죠. 그게 부두예요. 이론은 아주 간단한 거죠. 그게 부두예요. 거기서 배를, 이제 거기다 접안을 하는 거예요. 그게 부둔데 (웃으며) 그걸 하기까지는 굉장히 힘들죠.

면담자　　　그럼 보통 수심 몇 미터까지 내려가시나요?

황병주　　　깊이가 부두는, 부두는 그러니까 몇 톤짜리 부두냐에 따라서 틀려요[달라요]. 이게 뭐 5만 톤 부두다, 몇만 톤 부두다 이러면 수심이 더 깊고. 그러니까 큰 배 접안하는 곳은 수심이 깊고 작은 배들,

동네 배, 이런 동네 어선, 이런 거는 수심이 그럼 한 5, 6미터, 7, 8미터, 10미터 뭐 이 정도고 [그중에서] 큰 배는 뭐 20미터, 20몇 미터 이렇게 되고 그렇죠.

면담자　　아, 그럼 수심이 20몇 미터 되는 것도 사람이 직접 가서 평탄 작업을 하고 그러는 건가요?

황병주　　네. 사람이 다, 사람이. 그리고 이제 또 제가 많이 했던 게… 해저 케이블, 해저 케이블을 많이 했어요.

면담자　　네. 그 케이블이라는 것은 인터넷이나 전기 같은, 그 케이블이죠?

황병주　　그렇죠. 광케이블이죠. (면담자 : 아, 광케이블이요) 광케이블이 있고 전기 케이블이 있어요. 전기 케이블도 했고 광케이블도 했고. 그거는 이제 육지에서부터 바다 해저에다 케이블 깔고 가는 거예요, 물론 배가 깔고 가는 거고. [그런데] 깔고 가기 전에 이제 깔아야 될 장소를 준설도 하고 뭐 여러 가지가 있는 거예요. 이제 그러면 또 거기에 보호 장구를 씌워야 되는 것도 있고, 또 뭐 거기에 따른 여러 가지를 잠수사가 다 하는 거죠, 그런 일들을. 배에서도 하지만은.

면담자　　그럼 어느 바다에 까셨나요? 광케이블을?

황병주　　광케이블은 서해, 서해 이북, 그러니까 그쪽은 거의 다 했구요. 서해 그러니까….

면담자　　그럼 육지와 섬을 연결하는 거죠?

황병주　　그렇죠. 육지와 섬, 섬하고 섬 사이도 연결하고. 그러니까 광케이블은 인천 부근, 인천 부근에서, 인천 밑에서 덕적도 이북으로, 이북으로만 거의 했고. 그거는 왜 그러냐면, 광케이블은 통신 기밀이잖아요. 통신 기밀이니까 이북하고 무선을 계속 닿는, 섬 같은 데는 무선을 쓰잖아요, 무선을 쓰는데 이북에서 도청이 되니까 무선을 안 쓰고 유선을 쓰기 위해 케이블을 까는 거고. 지금도 남해안 쪽 이런 섬들은 전부 다 다 무선을 써요, 무선을 쓰는데, 거기는 이제 덕적도 위쪽으로는, 그게 이제 이북하고 도청 때문에 유선으로 우선 일차적으로 그런 데만 광케이블을 깔았고. 그러고 이제 광케이블은 그 이후로 잘 안 깔고 있죠. 지금 한 데는 국제선, 음… 우리나라에서 러시아로 간다든가 일본으로 간다든가 뭐 그런 거.

면담자   그것도 유선 광케이블을 다 까나요?

황병주   그것도 이제 무선으로 하는 데도 유선으로도 하는 거예요, 그거는, 광케이블 까는 그런 거는.

면담자   그럼 그거는 그 깊은 바다를 배로 가서 깔고 케이블을 놓는다고 해도 바다가 훨씬 더 깊지 않나요? 그러면 케이블이 바닷속에 그냥 둥둥 떠 있는 건가요?

황병주   그쵸. 아주 깊은 데는 떠 있는 거죠. 아주 깊은 데는 떠 있는 거고 웬만큼 뭐 몇 10미터, 100몇 미터까지는 다 밑에 들어가고, 그 이상 깊은 데는 중간에 떠 있죠.

면담자   그러면 잠수사님은 바닷속에 내려가서 그 케이블을, 어떤 작업을 하시는 건가요?

황병주   그게 인제 그 수심이 5, 60미터 이렇게 너무 깊은 데까지는 안 하고, 거긴 그냥 그대로 놔두고요. 그 이전 수심에는 보호 장구를 씌우는 거예요. (면담자 : 아, 혹시 배가 지나가면서) 그렇죠. 앵커가, 앵커가, 그 보호 장구를 씌우고 또 매설을 해요, 매설을 하는 거고. 매설을 하면은 이제 그 매설하기 위해서 그 트렌치[trench]를 이렇게 파는데, 기계로 파죠. 파면 그 안으로 잘 들어갔는지 유도하고 안 들어갔으면 우리가, 저희들이 또 댕겨서 유도하고 들어가게 만들고 다시 되감기 하고 그런 작업들. 또 수중에서, 물론 용접할 수 있는 구간이라든가 또 어떤 절단할 수 있는 일이라는 게, 수중 용접 절단은, 용접은 그렇게 많이는 안 하는데, 용접은 어떤 걸 할 때 용접을 하냐면…, 부두가 아까 제가 말씀, 이야기한 그런 부두가 있는가 하면은 또 자케트[jacket, 재킷]라고 그래 가지고 파일[pile]을 박아서 하는 부두가 있어요. 파일을 박아서 다리를 이렇게 만들어놓으면 거기에서 접안을 하는 그런 부두가 또 있어요. 그런 부두는 파일이 쇠이기 때문에 부식이 되거든요, 바닷물에. 그러면 부식되지 말라고 거기다가. (면담자 : 파일이요?) 파일, 파일, 쇠기둥. (면담자 : 아, 쇠기둥이요) 쇠기둥 이걸 박아서 그 위에다 상판 올려서 다리를 만드는 거예요. 이제 다리보다는 훨씬 더 튼튼하게, 배가 접안을 하니까. 더 이제 다리하고 무너지지 않게 이런 파일을… 한 저거의 몇십 개씩 하는 거죠, 상어 이런 게 웬만큼 부딪쳐도 괜찮게, 그렇게 엄청나게 튼튼하게. 근데 거기에 부식이 되니까, 부식되지 말라고 아연을 붙이는 거예요, 이제 용접해서 붙이는 거고. 절단 같은 경우에는 그런 파일 같은 거를 배에, 바다에 파일 이런 거, 그런 거를 자르는, 전기로 잘라요. 파일을 자르는 거고, 또 배 인양하고 이런 거 할 때, 이제 그러니까 배에 그….

면담자   배 인양할 일이 많이 있나요?

황병주   많지는 않은데요, 조금씩 있죠. 그런 거 인양하고 할 때는 이제 배가 새 배 같으면 모를까, 안 그러면 옛날 배들은 이제 다 노후됐기 때문에 그걸 거의 고철로 쓰거든요. 고철을 쓰기 위해서 인양을 하는 거예요. 그러니까 잘라서, 배를 잘라서, 물속에서 대부분 잘라서 이제 들어내서 인양을 하는 거죠. 그렇게 인양을 거의 대부분 많이 하죠.

면담자   아까 그 파일이라는 건 아연 용접을 안 하고 처음부터 아연으로 만들면 안 되는 건가요? (황병주 : 안 되죠) 안 되나요?

황병주   네, 아연으로는 안 되죠. 그거는 힘이 없잖아요.

면담자   아, 그러니까 철로 한 다음에 부식되지 않게 아연을 씌워야 되는 건가요?

황병주   아연을 씌우는 게 아니라 아연을 붙이는 거, 용접을 하는 거죠. 중간중간에, 그러니까 파일이 보통 700, 800, 직경이 70센티미터나 80센티미터 정도 되는 거 이렇게 큰 거예요. 그러면 거기에다 뭐 1미터짜리 아연판, 그거를 몇 개씩 이렇게 붙이는 거예요. 부식되지 말라고, 산화되지 말라고.

면담자   지금 말씀하신 것만으로도 정말 인간이 할 수 있는 일 중에 어마어마한 일이고 진짜 대단한 전문가시라는 생각이 드네요. 실제로 그 잠수 일을 하시면서 이 직업에 대한 남다른 어떤 포부, 자신감을 느끼셨나요? 아니면 이 직업이 별로여서 좀 다른 일을 하고 싶은 마음이 드신 적이 있나요? 잠수사 일에 대해서 어떤 마음이셨나요?

황병주   아, 저는 잠수사를 하게 된 게요, 내가 너무너무 좋아서 한 거였어요. 그러니까 제가 25, 26살 그때 배웠는데 저는…, 그러니까 지금도 물을 보면은, 바다를 보면은 가슴이 두근거려요. 그만큼 좋았기 때문에 그런 거죠. 지금도 저는 그런 게 조금 있어요. 지금은, 옛날에는 참 많이 그랬는데 지금은 많이 저거 해서 안 그러는데, 저는 그런 게 많이 있었죠. 그래서 내가 좋으니까 뭐….

면담자   어렸을 때부터 그러셨나요? 아니면 잠수를 배우시면서 그렇게 되신 건가요?

황병주   배우면서요. 배우고 나서, 배우고 나서. 그러니까 뭐… 자부심 같은 것도 조금 있었죠. '남들 하기 어려운 걸 나는 하고 있다'는 것도 있고.

면담자   혹시 잠수사 일을 하면서 가장 좋았던 기억. 그러니까 뭔가 뿌듯했든지 아니면 자랑스러웠든지, 혹 누군가한테 굉장히 멋있게 보였다든지, 이런 좋은 기억, 떠오르는 거 있으세요?

황병주   제가 그… 강사생활을 했다고 했잖아요.

면담자   네, 스킨스쿠버 다이빙 같은 거였죠?

황병주   네, 스킨스쿠버죠. 스킨스쿠버 할 때는… 굉장히 그런 게 강했죠, 프라이버시가 강하고. 제가 이제 그때는 교육을 시켜보잖아요, 교육을 시켜보고 뭐 이렇게 계속 그 한… 몇 년 정도냐? 한 7, 8년 정도를 교육을 시켜보고, 초보자도 교육을 시켜보고 이렇게 계속 보면은.

면담자   한 사람을 7, 8년 정도요?

황병주   아니, 아니요. 제가 이제 교육을 한 게. 그러면 교육시킨 사람은 많죠. 1년이면 몇십 명씩 이렇게 시키면, 보면은 저 나름대로 결론이 인제 내려지는 게, 그런 게 있었어요, '아! 아무나, 가르쳤다고 해서 아무나 하는 건 아니구나'. 제가 봤을 때… 끼가 있어야 되고 어떤 거기에 대한 거를 희열도 좀 느낄 수 있어야 되고. 그러니까 일단은 [잠수가] 그렇게 위험한 거는 아니지만 다른 사람이 봤을 때 '굉장히 위험하다'고 느끼는 거거든요. 그리고 또 배운 사람도 '위험하다'고 느끼는 거고, 죽을 것 같은 고비를 넘기는 거고. 그러니까 내가 봤을 때는, 내가 봤을 때는 죽을 거 같은 거가 아니거든요? 근데 본인이 죽을 거 같은 거예요. 내가 봤을 때는 아무것도 아니고 절대 안 죽어요. 근데 본인이 그게 죽을 거 같은 거예요. 그러면 그… 내가 느끼기에, 그러니까 내가 강사생활 해보면서 거기에서 그거를 못 이기는 사람은 거기서 도태돼요, 안 돼요, 못 해요. 못 하더라구요. 근데 그게 거기서 그걸 조금 넘어간 사람들은 계속 오래 하고, 취미로 하고, 자기가 굉장히 좋아하게 되고 그러는데 그거를 못 하는 사람은 못 하더라구요. 그런 것도 이제 내가, 내가 생각하기에는 '그래, 그런 정도의 끼도 있어야 되는구나' 그렇게 생각이.

면담자   그래서 스스로 프라이드 같은 게 생기셨군요. 보통 스킨스쿠버 다이빙은 한 10미터 정도 하죠? 보통 일반 취미로 할 때는 더 안 내려가죠?

황병주   그렇지 않아요.

면담자   더 내려가는 사람도 있어요?

황병주   네, 많이 내려가요. 어… 처음에 배울 때 인제 배우고 나서, 수영장에서 배우고 나서 원래 오픈 워터라고 그래 가지고 처음 바다에 내려가면은 매뉴얼상, 교과서상은 18미터 정도에서 하게 돼 있어요. 그렇게 하기도, 저렇게 하기도 하고 알아서 하는데, 레저로 하는 다이빙도 30미터까지는 하게 돼 있어요.

면담자   아, 그렇구나. 그게 단계가 있죠? 오픈 워터가 가장 처음 시작하는.

황병주   네, 오픈 워터가 처음 시작하는 거고 이제 어드밴스라고 해서 그 위에 있고, 이제 마스터 뭐 여러 가지 있고요.

면담자   아, 그렇게 쭉 단계가 있군요.

6
4·16 참사 이전의 가치관

면담자   그 당시에 산업잠수사든 레저잠수사든 잠수사 활동을 하셨을 때, 국가에 대한 어떤 특별한 생각이 있으셨나요? 아니면 없으셨나요?

황병주   전혀 없었어요. (면담자 : 전혀?) 네, 전혀 뭐 생각도 안 해봤고 저는 세월호 잠수, 세월호 이후에… 참 많은 걸 생각하게 돼요. 거기에서 그때 당시 그리고 나서, 그러니까 뭐 국가에 대한 거 솔직히 말해서 생각도 안 해봤고, 우선 나 살기 바빴고, 나 즐기기 바빴고, 내 일들 때문에 그런 거 생각도 안 해봤는데. 나한테 인제 어떤 당면한 걸 하다 보니까, 그리고 세월호에서 느끼다 보니까 '참 세상살이가… 모르는, 우리가 모르는 부분이 너무 많구나. 국가에서, 국가에서 감추는 게 참 너무나 많구나' 그런 걸 많이 느꼈어요. 왜 도대체…, 우리가 모르고 하는 게 너무 많다. 그 전에는 '아, 진실이면 왜, 밝혀지고 진실이면 다 될 텐데' 그렇게만 생각했는데, 세월호 이후에는 '진실은 아무리 진실이라고 해도 감추면 안 되는데 [감추면] 못 밝히는구나' 이걸 진짜 많이 느꼈어요, 저는.

면담자   세월호 이후에는 진실이라는 거를 밝히지 않고 감출 수도 있다고 느끼셨군요.

황병주   네. '[감추면] 안 밝혀지는 거구나. 묻어지는 거구나' 이거를 너무나 많이 느껴졌어요, 여러 군데에서.

7
잠수사 일

면담자   세월호 이전에 잠수사 작업으로 인해서 혹시 어떤 스트레스나 트라우마나 이런 경험을 하신 적이 있나요?

황병주   아니요, 트라우마나 이런 거는 전혀. 저는 잠수가, 아까도 말했듯이 즐거웠으니까요, 즐거웠으니까 지금까지 했고. 뭐 큰 내… 어떤 경제적인 걸로 큰 저거는 안 됐지만 계속했었고 자부심을 가졌고, 즐거웠으니까 그렇게 했죠.

면담자　　그러면 항만 케이블이나 광케이블 작업이나 이런 거 하실 때, 잠수사분들은 어떤 회사에 소속된 게 아니라 개인으로 하시는 거죠?

황병주　　그때만, 그때는 소속이 되는 거예요.

면담자　　아, 그러면 어떤 사업이 시작되면 그 사업 단위로 소속이 되시는 거군요.

황병주　　네, 네. 그러니까 어떤 프로젝트가 있으면, 어떤 회사의 그 프로젝트를 하면은 그 회사로 이제 들어가는 거죠, 끝날 때까지만.

면담자　　그럼 그 기간이 보통 1년, 2년 이렇게 가나요? 아니면 몇 개월 단위로 가나요?

황병주　　1년, 2년은 아니고 몇 개월 단위, 거의 대부분이 몇 개월 단위죠. 1년씩 하는 건 좀 드물어요, 있긴 있는데. 거의 뭐 몇 개월 단위, 몇 개월 단위, 뭐 한 달도 될 수 있고 또 뭐 두 달도 될 수 있고.

면담자　　그러면 잠수사분들은 보통 월급 체계가 일당으로 가는 건가요? 아니면 사업별로 계약으로 하는 건가요?

황병주　　월급으로, 네, 월급으로. 월급으로 가지만은 뭐 중간에 이제 예를 들어서 20일을 그러면은 월급에서 N분의 1을 해서 받는 거죠.

면담자   아, 그러면 월급이라 해도 30일 치가 아니라 20일 치 일한 만큼 받는 건가요?

황병주   아니요. 그런데 그 기간에는, 예를 들어서 [일을] 계속하고 있는 기간에는 월급으로 그냥, 뭐 날씨가 안 좋아서 20일밖에 안 했다 해도 받는 거고. 그리고 마지막에 내가 일이 끝났다.

면담자   예를 들어 프로젝트가 15일 만에 끝났다.

황병주   15일 만에 끝났다고 그러면 나머지 15일 치만 받는 거예요. 거의 어디 현장이든 다 마찬가지예요.

면담자   그러면 소속이 장기적으로 되어 있다기보다도 그때, 그때 프로젝트별로 (황병주 : 네) 소속된다는 말씀이군요. 그럼 프로젝트가 있을 때 회사나 이런 곳에서 잠수사분들에게 어떻게 연락하나요? 어떤 걸 통해서 하나요?

황병주   거의 대부분 잠수사들은, 전국에 잠수사가 그렇게 많지 않으니까.

면담자   얼마나 되나요? 전국에요? (황병주 : 어…) 그러니까 산업잠수 같은 걸 하실 수 있는 잠수사가 몇 분 정도인가요?

황병주   산업잠수사가 한… 그러니까 뭐, 하다 안 하는 이런 사람들까지 다 해서 한 500명 정도 되지 않을까, 더 될 수 있고.

면담자   네, 그러니까 어쨌든 불러서 산업잠수를 할 수 있는 사람이요, 그 일을.

황병주   네, 할 수 있는 사람이 그렇고. 당장 이렇게 [해야] 한다고 하면 또 모르겠어요. 그럼 지금 현재 일하고 있다고 그러면 500명까지는 다 아니겠죠. 그런데 하여튼 그런 자원이 한 500명 정도는 되지 않을까? 그리고 거의 대부분이 또 연결 연결하면 다 알아요. (면담자 : 아, 서로서로요?) 네, 그러니까 내가 모르는 사람도, 또 내가 아는 애가 [나한테] '야!' 예를 들어서 '또 프로젝트가 진행이 되는데 사람 좀 필요하다' 그러면 내가 상우한테 이야기한단 말이에요. '야! 사람 필요하다' 그러면 상우가 또 자기 아는 사람한테 이야기하고, 그렇게 해갖고 그렇게 해갖고 다 아는 거예요.

면담자   그러니까 잠수사분들이 프로젝트가 생기면 그런 인맥 관계를 통해서 (황병주 : 네, 그렇죠) 모아지는 거네요?

황병주   네, 인맥이죠. 다 인맥 관계.

면담자   그러면 혹시 잠수사분들 중에서 왕따거나, 성격이 이상해서 어울리지 않는 이런 경우는 없나요? 어쨌든 그런 일이 어느 집단에든 있을 수 있잖아요.

황병주   그게 이제, 있을 수도 있겠죠. 있을 수도 있겠지만 그런 거보다 거의 대부분이 "누구는 일 잘한다, 못한다", 그러니까 될 수 있으면 일 잘하는 애를 찾으려 할 거고, 그렇고. 그런 체계가 있기 때문에…

면담자   사회성이나 이런 걸로 나눠지는 건 아니고, 그냥 서로서로 대강 누가 일을 잘하고 못하고 이런 걸 안다는 거죠?

황병주   네, 대충 알죠. 한두 번씩 해봤으니, 해봤으니까. 그래서 뭐 [일 잘하는 사람을] 찾게 되는 거고 없으면 어쩔 수 없이 이제 (웃으며) 사람이.

면담자   네, 실력이 조금 떨어지는 사람하고도 하는 거고?

황병주   네, [사람을] 채우기 위해서 하는 거고. (면담자 : 그렇군요) 그런 게 있기 때문에 저희들이… 그… 우리가 원래 25명 정도 민간 잠수사들이 있었잖아요, 우리 이제 그 [세월호 현장에] 처음에 갔던 사람들. 그런 거가 있기 때문에 그만큼 통제가 잘될 수 있었고 그만큼 성과도 올릴 수 있었던 거예요. 그게 안 됐으면, 그런 게 없으면요, 잠수사들 다 개성이 엄청 강하잖아요. 통제가 안 되죠. 그런 게 있기 때문에 인제 우리 공우영 잠수사 이야기, 그 말씀드렸잖아요, 제일 큰형님인데… 후배들이 말을 안 들을 수가 없는 거죠. 그런 거, 저런 거, 그런 말 안 들으면 "야, 쟤 어떻더라"라고 소문 쫙 나갖고 어디 가서 일도 못 하기 때문에, 그러니까.

8
4·16 참사 그날, 팽목에서 금호 바지까지

면담자   그렇군요. 이제 저희가 4·16으로 들어가 볼게요. 맨 처음에 세월호 침몰 소식을 그날 어떻게 들으셨나요?

황병주   TV에서… (면담자 : 댁에서요?) 네… 그때는 인제 같이, 우리 딸들하고 같이 살았어요, 지금 같이 안 살지만.

44

잠수사 황병주

면담자   딸이 둘이세요?

황병주   네, 딸이 둘이에요. "아빠, 큰일 났다"고 그러는 거예요.
그래서 "왜 그래?" 그랬더니 "배가 침몰됐다"고 "그리고 학생들이 엄
청 많이 있다고 한다"고 그러더라고요. 그리고 TV를 켜더라구요. 배
가 조금 기울었더라구요. 그래서 내가 보니까 괜찮을 거 같더라구요,
내 판단에, 그때는. "야!" 그래서 딸한테 그랬어요. "야! 걱정 말아. 다
살아" 진짜 내가 그랬어요. 저는 "다 살아" 그랬어요. "걱정하지 마.
다 살아" 그러니 조금 있다가 이제 뭐 오보였지만 "다 살았다"고 발표
났잖아요. "전원 구조" 이야기가 나왔잖아요. "야! 봐라. 전원 다 구조
했잖아. 저 정도 기울어져 있으면 사람이 [배 밖으로] 다 나오기만 하면
다 사는 거야" 그랬는데 조금 있으니까 나중에 무슨 구조가 어쩌고,
배가 어쩌고 그런 이야기가 나오더라구요. 근데 너무… 누구라도 지
금은 다 아는 거지만, 다 살 수 있는 건데… 그냥 수장시킨 거죠. 그래
서 이제 그걸 들었고, 그리고 이제, 그런데 눈을 뗄 수 없잖아요.

    계속 TV 보는데 잠수사들 모집도 하고 그런다고 해서, 또 '가야 되
나, 말아야 되나', 내가 선뜻 갈 저거는 안 생기더라구요, 내가. 그런
용기도 안 생기고, 솔직히. 그리고 그런 데 가면 또 '주로 많이 가는
애들, 그런 애들 많이 있을 텐데', (한숨 쉬며) 그러고 있는데, [제가 우
리나라에] 잠수사 500명이니 뭐 어쩌니 그런 말을 했었잖아요. 어떻게
될지도 모르겠지만… '어떻게 되나 보지' 하고 이제 있었는데 18일 날,
18일 날 저녁에 전화가 왔더라구요, 공우영 잠수사한테서. (면담자 :
직접 전화가?) 네. 공우영 잠수사님이 "야! 배 건지러 가자" 그래요. 저
는 그렇게 연락이 왔어요. "야! 배, 배 건지러 가자".

〈비공개〉

황병주   그래서 "무슨 배요?" 내가 그랬죠. 그런 거, [세월호인지] 알 거 같지만은, 그거 같지만 그래도 "무슨 배요?" 그랬더니 "세월호" 그러더라구요. 그래서 "알았어요. 그럼 언제 갈까요?" 그러니까 "낼 아침 새벽에 출발해라" 그래요. 그래서….

면담자   그날이 18일 저녁인데 19일 새벽에 출발하라고요?

황병주   네. 그러면서 "주위에 일 좀 잘하는 애들 없냐?" [그래서] "알았어요. 연락은 해볼게요" 그리고 내가 여기저기 연락을 하니까 다들 "세월호 가자"고 하니까 잘 안 갈라 그러더라구요. 근데 한 명 이제 한재명 잠수사라고 있어요. 이 친구, 이 친구는 "형님, 나 기다리고 있었습니다" 이러더라구요. 자기도 "어떻게 가고는 싶은데 어떻게 해도 연결이 안 돼서 전화를 기다리고 있었다"고 그래요. "그래, 알았어. 그럼 내일 새벽에 출발하자. 집으로 와, 아침에" 그리고 새벽에 왔더라구요. 그래서 내려갔어요. 아침에 내려갔는데, 목포까지 가니까 오후쯤 되더라구요. 오후에 갔는데, 오후에 도착해서 거기에서, 목포에서 또 이제 다른 사람, 다른 사람 또 같이 만나서 팽목으로 갈려고 하니까 [전화가 와서] "빨리 가라"고 하더라구요, 일단. 우영이 형이 또 전화 와서 "팽목으로 빨리 들어가라. 지금 배가 아마 기다리고 있는가 보다" 그래서 같이 가는 사람 또 만나서 팽목으로 가는 도중에 또 전화가 왔어요. "야! 배 출발했단다. 낼 아침에 들어가라" 그러더라구요. (면담자 : 배가 출발했다고요?) 경비정이 [잠수사들을] 싣고 가야 하는데 거기에 그… 세 명이 거기서 같은 일행, [그 세 명도] 또 아는 애들인데, 세 명은 원래 거기를 갔다가 그러니까 그… 세월호 현장으로 갔던 게 아니라 그 근처에서 뭐 다른 일을 하고 있다가 그쪽으로 와서 [보니까] 세월호가 있는데 [그냥] 나오려고 이제, 그 세월호에 사람도 많고 하니까 어떻게 하는 방법도 모르니까, 자기네들은 그냥 올라고 하는데 전화가 와서, 우영이 형한테 또 전화가 온 거예요. "어딨냐?" 하니까 "팽목에 있다"고 하니까 "그럼 어디 가지 말고 거기 있어라"라고 한 거예요.

그래서 그 사람들도 기다리고 있고, 그 사람들이 먼저 세월호에 들어가고, 우리는 이제 가고 있는 중간에 "그 사람들이 들어갔으니까 내일 아침에 들어가야 되겠다" 그러더라구요. 근데… 그거는 저는 많이 잘못했다고 봐요. 뭐가 잘못됐냐면 그때 당시에 이제 19일 날부터 그 친구들이 들어가서 새벽 즈음에 아마 처음 몇 명을 인양을 했어요. 그 전에까지 사람이 없었다는 거예요, 잠수사들이. 할 만한 사람이 없었다는 거예요, 잠수를 할 만한 사람이. 물론 매스컴에[서]는 [잠수사가] 많이 있었고 하지만 다 제대로 할 만한 사람이 하나도 없었다는 거예요, 제대로. 그때까지 배 안에를 한 번도 [들어간 적이 없는 거예요]. 그 전에 뭐 누가 [배에] 들어가서 확인을 했느니 어쨌느니 그런 말들은 있어요. 뭐 시신을 확인했느니, "라이프 자켓[재킷]을 입고 있는 걸 유리창으로 봤다 어쨌다". 보면 뭐합니까? (면담자 : 들어갈 수가 없는데) 그러니까요. 그런 걸 했어야 되는데, 그런 조치를 못 취했는데. 그래서 그 세 사람이 처음에 19일 날, 그러니까 20일 날 새벽이죠, 새벽에 이제 [세월호에서] 애들을 데리고 올라왔는데, 그럼 그때까지도 그렇게 [제대로 잠수할] 사람이 없었는데, 19일 날 저녁에 우리가 가고 있는데 경비정이 출발을 해버려서 못 간다? 그럼 '다른 경비정이라도 [우리를]

또 데리고 가야 되는 거가 나는 정상'이라 생각하는데.

면담자 　다른 경비정은 없었던 거예요, 그러면?

황병주 　그 많은 경비정이 다 어디 간 거예요?

면담자 　그러니까요.

황병주 　그때 당시에 경비정은 하나만 왔다 갔다 했나 봐요. 다른 것들은 또 어쨌는지 모르겠고. 나는, 내 생각은 '경비정이 갔으면 다시 또 오면 되는 거고 다른 배가 가면 되는 거지, 왜 또 낼 아침에 오라고 그러냐'.

면담자 　그 경비정이 갔다는 게, 세월호 배 쪽으로 가버렸다는 거예요?

황병주 　네 가버렸어요, 팽목에서.

면담자 　그러니까 잠수사들을 싣고 갈 수가 없다는 거죠?

황병주 　네, "다른 배가, 갈 배가 없다"는 거예요, 갈 배가.

면담자 　그런데 다른 배들도 많잖아요.

황병주 　그러니까 세월호 현장에 들어갈 배가 없다는 거예요.

면담자 　참 터무니가 없네요.

황병주 　그래서 그날 그냥 가다가, 어디쯤 갔냐면은… 목포에서 현대조선을 지나서 그 이렇게 방조제 같은 길이 있어요. 거기까지 갔다가 다시 돌아왔어요.

면담자   네. 다시 목포로요?

황병주   네, 다시 목포로. 이제 "거기 가봐야 잘 데도 없고 하니까 일단 목포에 와서 내일 아침 새벽에 다시 출발해라" [하셔서].

면담자   그렇게 공우영 잠수사한테 연락을 받으신 거군요.

황병주   네. 해경에서 "그렇게 하라"고 했대요.

면담자   아, 해경에서 공우영 잠수사님에게 그렇게 말을 하고, "지금 경비정이 없다"고.

황병주   그러니까 [목포로] 다시 와서 아침에 다시 또 [팽목에] 갔죠. 아침에 갔는데… 거기를, 팽목에를 9시쯤이나 8시쯤에 도착을 했을 거예요. 그랬는데 현장에 들어간 게 오후 1시나… 2시쯤 들어갔어요. 계속 그….

면담자   경비정이 안 오나요?

황병주   네, 안 왔어요. 계속 기다리고 있는 거예요. 들어갈 배가 없어서 계속 기다리고 있었던 거예요, 거기서.

면담자   그러니까 그 당시 해경이 다른 배들은 다 움직이지 못하게, 일반 어선들은 다 통제를 해놓는 거죠?

황병주   모르죠, 그건. 그건 모르겠고, 하여튼 들어갈 배가 없어서… 거기서 기다리고 있다가 경비정이 오니까 인제 들어갔는데, 거기 들어가니까 점심시간이 지났더라구요. 그래 이제 3009함으로 처음에 데리고 가더라구요. 3009함에 가니까, 자기네들 점심.

면담자   3009함이요?

황병주   네, 3009함.

면담자   3009함이 어떤 건가요?

황병주   3009함이 이제 그… 해경 지휘부, 지휘부. 3000톤짜리
제일 큰 배거든요. 거기에 아마 해경 높은 사람들이 다 거기 있었을
거예요. (면담자 : 아, 그렇군요) 거기에 가니까 인제 뭐 또, 인원, 어디
서, 누구, 이름, 어쩌고저쩌고하더니… 거기서 밥 먹으라고 그랬나?
밥 먹은 거 같고, 점심 거기서 그 배에서 몇 숟갈 이렇게 먹고. 그때
당시 인제 처음으로 바지를 그날 세팅하는 거예요. 금호샐비지라는
바지를, 금호샐비지라는 바지를….

면담자   금호 바지를 그럼 20일 날 설치를 한 건가요?

황병주   네, 20일 날. 20일 날 오후에 거기에 세팅을 한 거예요.
그러니까… 오전 아침에, 아마 새벽까지, 새벽에 잠수를 했고, 세 명
이서.

면담자   그럼 그분들은 바지가 없이 잠수를 하신 건가요?

황병주   그쵸, 바지 없이 해경 배에서 했죠.

면담자   아, 경비정에서요?

황병주   해경 경비정 말고… 그때 한국[수중]기술[목포 소재 해양
관련 업체] 2호라고, 한국[수중]기술 2호라고.

면담자   한국기술 2호요?

황병주   네. 한국[수중]기술 2호라고 목포에 그⋯ 수중회사 배가 있었어요.

면담자   아, 목포 수중회사 배요.

황병주   네. 목포 수중회사 배가, 거기에서 했대요, 그날 저녁에.

면담자   아, 그 배에서 바로 그냥 잠수를 하신 거군요.

황병주   네. 그 배에서 바로 했는데 파도도 좀 많이 치고 어쩌고 해서, 그 한 사람은 파도가 많이 쳐서 거기서 그때 당시에 어깨를 다쳤고, 계속 어깨 다친 거예요. 매달리다가, 너무 파도가 많이 치니까 그때 잘못 매달려 갖고. 근데 그러고 새벽에 이제 시신 세 구를 인양한 거예요. "새벽 3시에 인양을 했다"고 그러더라구요. 그러고 우리가 이제 고 전 타임에 아마, 그 물때에 금호 바지를 세팅을 한 거 같아요. 원래 그때 당시가 아마 물때가 거의 사리 때예요, 물이 셀 때예요. 그니까 아무 때나 세팅을 못 하는 거예요, 배를. 그 자리에다가⋯ 거의 정조 타임 비슷하게 맞춰서 세팅을 해야 돼요. 그러니까 아마 오전에 그 물때에, 아마 낮에, 그때가 [시신 인양을] 새벽에 했으니까, [세팅하는 게] 아마 12시쯤이나 뭐 하여튼 1, 2시쯤이나 됐었을 건데, 뭐 그 전이든 간에, 10시가 됐든 하여튼 그사이에 세팅을 해놓고 있다가 오후에 인제⋯ 내가 기억하기로는 한 5시 정도나 됐을 거 같은데⋯ 그때 인제 저희들이 막 들어가서, 가서 저희가 5시쯤에, 제가 첫, 첫 타임을 들어갔어요, 가자마자.

면담자   금호 바지로 가서서, 5시쯤에.

황병주   네. 5시, 그러니까 한… 4시쯤에나 갔겠죠? 가서 준비 좀 하고 조금 기다리다가 물이 이제 그… 조류 흐름이 약해지니까 제가 바로, 그때 인제 세 사람이 갔는데, 저희가, 후배들 두 명하고 제가 세 명이 갔는데. 그 전에 세 명 있던 사람들은 그 전에 새벽에 [잠수를] 했으니까 내가 해야 될 거 같더라구요. 그래서 이제….

면담자   그럼 그 세 분들도 만나셨나요? (황병주 : 네) 금호 바지에서?

황병주   네, 같이 있었어요. 같이 만나고, 물 시간 되니까 제가 먼저 "야, 내가 먼저 들어갈게" 하고 제가 들어갔었죠.

면담자   그러면 금호 바지에서 먼저 도착했던 세 분 잠수사분들을 처음 만나신 건가요? 아니면 아까 그 3009함에서 만나셨나요? 맨 처음에?

황병주   3009함에서 만났죠.

면담자   아, 3009함에서요. 그러니까 그분들은 새벽에 시신 세 구를 인양하시고 그다음에 3009함으로 오셨네요? (황병주 : 네) 식사도 하시고 이래야 되니까. 그럼 거기서 만나시고 그때 이 세 분 말고 또 누가….

황병주   3009함에서 만났는지 금호 바지에서 만났는지 기억이 잘 안 나는데, 그거는. (한숨 쉬며) 아마 금호 바지에서 만난 거 같은데요. 아마 금호 바지 세팅을 하고 거기서 있었던 거 같은데.

면담자   아, 그래요? 그러면 금호 바지 위에 그 세 분하고 또 누가 계셨어요?

황병주   또 있었어요.

면담자   누구요?

황병주   어…, 네 명이 있었어요.

면담자   총 네 명이.

황병주   그러니까 세 명 말고 네 명이 또 있었어요.

면담자   아, 세 명 말고 네 명이. 총 일곱 명이네요.

황병주   네. 근데 그 사람들은 그 전날 새벽에 다이빙을 안 했대요.

면담자   그 네 분도 잠수사분들이었네요.

황병주   네. 잠수산데 잠수 안 하고 우리가 가니까 나가더라구요. 우리가 가니까 나가요. 제가 배에다 그… 해경, 조그마한 보트, 립보트라고 있어요. 그거를 가지고, 3009함에서 그걸 타고 거기로 가서 [우리가] 금호 바지에 접안을 하는데 애들이 나가요. (면담자 : 네 명이?) 그 네 명이. 그래서 내가, 아 그때가 그러니까 4시 전이었던 거 같아요. 왜 그러냐면 일단 금호 바지를 한 번 와본 거예요, 점심을 먹고. 먹고 와봤고 다시 3009함 갔다가 물 시간에 맞춰서 다시 오게 된 거예요. 근데 거기에 그… 금호 바지를 타니까 그 네 명이서, 처음 본 사람이죠, 물론. 또 나머지 네 명은, 그 전에 새벽에 들어간 사람은 다 아는 사람이에요. 근데 이 네 명은 처음 본 사람이에요. 목포에 있는 잠수사들이라고 그러더라구요. 그때 그래서… 가니까 웨이트 벨트라고 납 벨트 이런 거 있잖아요? 개인 장비. 이걸 챙겨가지고 가요, 가서 막 챙겨요. 그리고 배를, 그 립이라고 해경 배[립보트가] 오니까 그걸 탈라고 그러더라구요. 그래서 내가, 그건 지금도 기억이 생생해요. "아니, 일해야지 어디 가냐?"고 "어디 가시냐?"고 "어디 가세요? 일해야죠" 그랬더니 "아, 자기네들 볼일이 있어서 나가야 된다"고 그러더라구요. "아, 그래요?" 그리고 걔네들하고 그 립을 타고 경비정으로 다시 왔어요. 그런데….

면담자   경비정으로요, 아니면 3009함으로요?

황병주   아니, 아니. 3009함으로, 3009함으로.

면담자   그게 이제 오후에요? 그렇죠?

황병주   네. 3009함으로 다시 걔네들하고 다 같이 오는데, [그중] 한 명이 그때 당시에 무슨 MBC 기자를 만나더라구요, MBC에 촬영하는 애들을 만나더라구요. (면담자 : 3009함에서요?) 3009함 말고. 오다가 경비정을 타고, 립을 타고 오다가 어선을 들러요. 어선이 주위에 그때, 주위에 어선이 많이 있었거든요. 어선을 들르는데 거기 MBC 취재진들이에요. 거기에 지네들이, 이제 내가 살짝 이렇게 들으니까 뭐 고프로[GoPro], 카메라. 고프로가 뭐 물이 들어갔느니 어쨌는지 뭐 그런 이야기들을 하더라구요. 그래서 그거를 이제, 저걸, 칩을 넘기는 거예요. 뭔가를 촬영해 가지고 칩을 넘기는 거예요, 걔네들이. 그러니까 (면담자 : 그 잠수사들이?) 네, 그 네 명. 나중에 두 명은 다시 들어왔어요. 나중에 두 명은 다시 들어와서 우리하고 일을 같이 했어요. 네 명이 있었는데 두 명은 안 들어오고 두 명은 나중에 다시 오더라구요. 그래서 내 그때도, 그때 당시에 "아니, 어디 가냐?"고 그랬더니 자기네 들이 "일주일 정도 일이 있어서 일하고, 일 좀 하고 와야 된다"고, 다 른 데 가서, 그러고 갔던 사람들이거든요. 그랬는데 그 전날 내가 물어봤어요, 그 전날. 지금 이제 다시도 물어봤지만 "혹시 걔네들 그때 다이빙했냐?"고 했더니 안 했대요. 그 전날도 안 했대. 그러고 가갖 고, 그 전날에는 그러니까 19일 날 밤에, 새벽에, 20일 날 새벽이지. 우리 세 명만 다이빙한 거에요. 우리랑 같이 있던 사람 세 명만.

면담자　　　제가 이때까지 상황을 정리해 볼게요. 그러니까 황 잠 수사님은 3009함으로 가셨다가 이제 점심만 드시고 금호 바지 세팅 해 놓은 데를 갔어요. 가셨더니 거기에 세 분, 원래 알고 계셨던 새벽 에 잠수하신 세 분 잠수사하고 다른 네 분, 처음 본 잠수사분들이 계 셨어요. 근데 거기서 보고 이제 물때가 아직 별로 좋지가 않아서 다 시 3009함으로 돌아오실 때 그 네 분이 "볼일이 있어 가야겠다" 그러 고는 립이라는 배를 타고, 그러니까 모든 잠수사분이 다 같이 립에 탔나요?

황병주　　　네, 그땐 다 같이 탔죠. 다 왔다 갔죠, 3009함에 와서.

면담자　　　그러면 총 10명이 다 타고 3009함에 왔네요.

황병주　　　와서 밥을 먹고 다시 갔던가 했어요, 저녁에.

면담자　　　그리고 돌아오는 길에 그 네 분 중에 어떤 한 분이 뭔가 칩을 MBC 기자한테 건네는 거 같았다, 그렇죠? 그리고 3009함에 와 서 그 네 분은 이제 어디론가 가시고 나중에 그중 두 분은 다시 보시게 되구요. 그러면 저녁에 잠수하러 가실 때는 세 분만 가셨나요? 원래 아시던?

황병주   여섯 명이 갔죠.

면담자   아, 여섯 명. 여섯 명이 다시, (황병주 : 네) 그때는 이제 한 4, 5시쯤에 가신 거죠. 그럼 거기 가서 이미 세 분은 새벽에 잠수를 하셨으니까 황 잠수사님이 내가 처음 들어가야 될 것 같아서 먼저 들어가셨다는 거죠. 네, 알겠습니다.

9
세월호로 첫 잠수

면담자   물속에 처음 들어가셨을 때 어떠셨나요? 그러니까 처음 물속에서 보셨던 거는 무엇이었나요?

황병주   어… 처음, 처음 이야기만 하면 나는 조금 그래요. (잠시 침묵)

면담자   괜찮으시겠어요?

황병주   처음에 어… 내가 처음 들어간 게 (한숨 쉬며) 처음이니까, 저는 처음이잖아요, 그 현장에 처음. 그러니까 그 새벽에 [먼저] 들어갔던 애하고, 한 명하고 같이 들어갔어요. 그 친구 이름이 백인탁이라는 친군데, 후배예요. 그 친구랑 이제 난, 그 친구는 한 번 들어가 봤으니까, 나는 처음이니까 이제 같이 들어가서 오후에, 그 전에 새벽에 했던 걸 전달을 받았죠. "내려가면 가이드라인이 옆에 쳐져 있는데 첫째, 두 번째 창은 깨져 있다. 세 번째 창을 깨고 아마 애들이, 애들이 있으면 인양을 하면 될 것이다" (눈물을 훔치며) 그래서 그때… 어느 유리창으로 이제 내려가서, 내려가니까 잘 안 보이거든요, 그때는 거의 안 보이거든요. 뭐만 보이냐면은 라이프 자켓이 이 색깔이잖아요. 이 색깔인데, 뿌옇게 이 색깔만 보이는 거예요, 이 색깔만. 그것도 랜턴 안 비치면 하나도, 깜깜하니까 하나도 안 보이는 거고, 라이트를 비치면 요 색깔만, 유리창 밖으로 이 색깔이 보여요. 그래서 망치로, 그 친구가 [유리창을] 깨더라구요. 깨니까 잘 안 깨져, 안 깨져요. 그래서 "줘봐라" 내가 뺏어서 깨가지고… 손을, 이렇게 해서 손을 이렇게 넣으니까 이게 막 잡히는 거예요. 몇 명인지 모르겠어요, 그냥. 거의 몰려 있으니까 여러 명이 한꺼번에 잡히는 거예요.

아, 그러니까 내가 내 자신을 주체를 못 하겠더라구요. 감당이 안 돼, 감당을. 어떻게 감당을 할 수 없는 그런 느낌이더라구요. 그래서 막 소리를 질렀어요, 내가. 거기서 "아아! 하아아!" 그러면서… 모르겠어요. 나도 모르게 "이 개새끼들!" 막 그런 말들이 막 튀어나오더라구요. 그러고, 그러고 막 소리를 질렀어요, 막 소리를 지르고. (한숨 쉬며) 아마 세 명인가 그러더라구요. 그러고 나왔는데 올라오니까… 그 후배가 그러더라구요. "형님, 아까 왜? 뭐라고 왜 그러셨어요?" 그러더라구요. 그래서 나중에, 그때는 조금 진정됐는데 "야, 나 소리 지르고 울었다. 내가 어떻게 거기서 너무 감당이 안 돼서 소리 지르고 울었다" 그랬더니 "아, 그랬었구나" [하더라고요]. (잠시 침묵) 나는 아까도 이야기했듯이 우리 딸이랑 처음 이야기했듯이, 다… 전혀 안 죽을 거라고 생각했거든요. 이 죽인 거는… 그때 당시에 누군가가 죽였다는 생각이 드는 거예요. '다 살릴 수 있는, 다 살 수 있었던 걸 죽었다고, 이렇게 죽었다'고 생각을 하니까 막 욕이 막 튀어나오더라구요. (침묵)

(눈물을 닦으며) 근데 알 수 없는 이야기예요. 해경에서는 내가 20일 날 들어가서 첫, 첫 잠수 해서 애들 그렇게, 애들 인양하고 그런 기억이 [나한테는] 너무너무 생생하고 그런데, 해경 기록에는 나는 그날 없어요. (헛웃음을 웃으며) 해경 기록에는 나는 그날 없어요. 거기에, 내가 20일 날, 거길 우리 세 명이 같이 갔는데, 세 명이 갔는데 두 명은 그날 간 걸로 되어 있는데, 나는 그날 없어요. 그다음 날 간 걸로 되어 있어요, 해경 기록에는.

면담자   그건 왜 그런가요?

황병주   모르겠어요, 기록이 그렇다는데.

면담자   그 같이 가셨던 분들은 같이 계셨던 거를 알죠?

황병주   알죠, 당연히 알죠. 내가 간[그날 있었다고 기록된] 두 명도 내가 데리고 갔는데.

면담자   그럼 잠수사님이 제일 먼저 들어간 것도 다른 분들이 다 알죠?

황병주   그럼, 다 알죠. 그것도 내가 동생들이기 때문에, 한 후배는… (한숨 쉬며) 들어가기 전에 그래요. "형님, 나 시신 한 번도 안 만져봤는데 어떻게 하죠? 어떻게 하죠?" 자꾸 그러더라구요. 저는 한 번 해봤어요.

면담자 　　아, 언제 해보셨어요?

황병주 　　저는… [19]97년돈가? 그 어선이 침몰한 걸 조사하는데 그 선장이 배에 있더라구요. 그래서 그때 저는 시신을 한 번 해봤기 때문에 조금 그런 게, 조금….

면담자 　　그거는 어느 바다에서였나요?

황병주 　　그거는… 서해안이에요. [태안군에] 격렬비열도라고, 저 신진도에서 나가면 서해안 멀리 나가면 있었는데. 그래서 그날도 이제 그 후배는 "형님, 한 번도 안 해봤는데 어떻게 하죠? 어떻게 하죠?" 그러더라구요. 그래서 "괜찮아, 괜찮아. '애들한테, 애들 좋은 데 보내준다'고 생각하고 그런 마음먹고 하면 괜찮아, 괜찮아". 처음엔 그렇게 걱정하더니 나중에 잘하더라구요. 물론 나도… 내가 먼저 들어가야 [했던 게 후배가] 그렇게 이야기하고 있는데 어떻게 그 후배 먼저 들어가라고 해요. 내가 먼저 들어가 봐야지, 내가 먼저 해줘봐야지 이제 그 친구들도 더 저기 할 거 같아서 내가 먼저 들어간 거죠, 그때는.

면담자 　　지금 약간 후회하시나요? '내가 좀 나중에 들어갈걸' 이런 생각하시나요, 혹시?

황병주 　　아니, 아니에요. 그런 건 아니에요.

면담자 　　아니면 공우영 잠수사님한테 전화를 받으셨을 때, 아까 잠수사님이 말씀하신 것처럼 처음에 TV에서 "세월호에 잠수사들이 필요하다"는 메시지를 보셨을 때 "사실 좀 두렵고 가고 싶은 마음이 선뜻 들지는 않았다"고 하셨잖아요? (황병주 : 네) 근데 나중에 공우영 잠수사님한테 전화가 왔을 때, 그때 가겠다고 결심을 하셨던 건데, 그 결심에 대해서는 후회하시나요? '내가 그때 못 간다고 할걸' 이런 후회를 하신 적이 있나요?

황병주　　아뇨, 후회는 안 해요, 후회는 안 하고. (한숨 쉬며) 저는 거기 있을 때도… 물론 밖에서 굉장히 다른 말도 많았고 뭐 여러 가지 있었지만 저는, 물론 지금도 간 거는 후회하지는 않아요. (잠시 침묵) 내 자신이 '나는 자랑스러웠다'고 생각은 해요, 그리고 그렇게 마음먹고 싶고. 음… 저 갔을 때, 저희 딸 같은 경우 한 달 동안 잠을 못 잤대요, 계속. 계속 가위 눌리고, [방송에서] "그 상황이 계속 위험하다"고 막 그런 거 나오고 하니까. 그리고 그때 당시에… 통화하고, 통화는 처음에 되지도 않았지만, [통화]하면 딸[이] 맨날 막 울고 그랬었거든요.

면담자　　따님이 몇 살, 몇 살이신가요?

황병주　　나이 많아요. 큰애가 32살, [둘째가] 30살 이러거든요. 큰애가 좀 마음이 여려 갖고. 그래도 뭐 저는, 걱정은 그렇게도 했지만, 전혀 내가 '후회스럽다. 간 걸 잘못했다' 이런 건 지금도 아니고 앞으로도 남은 내, 물론 내 삶은 이렇게 됐지만은 그거는 앞으로도 내가 괜찮다면은, 몸이 괜찮다면 이런 일 있으면 또 뛰어갈 수 있어요. 갈 거예요, 난.

면담자　　그러면 그때 공우영 잠수사님이 "같이 가자" 하셨을 때, 어떤 마음으로 '내가 그래도 저기를 가야겠다'라고 생각하셨나요?

황병주　　근데 우영이 형이 전화가 왔을 때는, 그러니까 그 전에는 어… [가고 싶어도] 어떻게 하는 것도 모르고 어떻게 해야 될지도 모르고 [그랬는데], 근데 우영이 형이 "야, 와라" 하니까 갑자기 마음이 탁 놓이는 거, 이런 거 있잖아요. 그리고 그 형하고… (한숨 쉬며) 사실상 내 스승이기도 해요, 산업잠수에서. 그러니까 물론 다이빙은 다른 사람에게 배웠지만은 산업잠수 초창기 때, 그 형의 기술을 내가 많이 그 형한테 받았죠. 그러니까… 그 형이 이야기를 하니까 전혀 뭐 다른 것을 생각할 것도 없이 "네, 알았습니다" 이렇게 하고, 마음도 열고.

면담자　　　그러니까 공우영 잠수사가 하자는 일은 어쨌든 좋은 일일 거고, 잠수를 같이 하던 사람이고, 나를 가르쳤던 사람이고 그러니까 이제 믿음이 있으셨던 거죠? (황병주 : 네)

10
참사 원인에 대한 의문, 그리고 선체 조사

면담자　　　혹시 '내가 조금 더 일찍 갔으면' 아니면 공우영 잠수사님이 '나를 조금 더 일찍 불렀으면' 이러한 생각은 해보신 적이 없나요? (황병주 : 그거는…) 18일이면 참사가 나고 이미 이틀이 지난 뒤잖아요.

황병주　　　그 전에 모르겠어요. 그 전에는, 내가 그 전에… 누가 불렀으면, 우영이 형이 불렀으면 물론 갔겠죠. 갔겠지만 [만약] 다른 사람이 불렀다면 안 갔을지도 모르겠어요, 솔직하게 이야기하면.

면담자　　　거기에 가는 것에 대해 어떤 점이 그렇게 좀 두려우셨나요? 그 전에 가셨다면, 그때는 오히려 사람들이 살아 있을 수 있는

61
·
1회차

가능성도 있고, 나중에 시신을 수습하는 것보다 일반 사람들이 보기에는 일찍 가셨던 게 더 의로운 일일 수도 있잖아요?

황병주   그럴 수도 있는데요. 저는요, 그때도 그렇고 지금도 그렇고 골든타임, 골든타임 얘기하잖아요? 골든타임은 10분도 안 돼요. 배가 어… 갑자기 뒤집어졌다든가 하면, 어느 순간에 뒤집히면 에어포켓도 있을 수 있고 하지만 이건 천천히 다 기울어진 상태로, 어쨌든 물이 다 들어온 상태거든요. 물이 다 들어와서 넘어가는 건 에어포켓이 있을 수가 없는 거예요. 그 나중에 조금 떠 있는 거, 이거는, 그거는 객실에 있는 게 아니라 밑에 화물칸에 조금. 거기 그 상태에는, 사람이 숨 안 쉬면 얼마 정도 버틸 수 있어요? 1분 이상 대부분 다 못 버텨요. 이미 배 기울어져 있을 때, 배가 처음에 기울어졌잖아요, 40도 정도. 반대편에 있는 애들은 그때 거의 대부분 사망을 했을 거예요. (면담자 : 물 쪽에 있는) 그렇죠, 물이 다, 물에서 나가 갈 데가 없는데, 물에 들어와 있는데. 물이 막아져서 물이 안 들어온다면 모르겠는데 물은 이게 한꺼번에 팍 들어온 것도 아니고 이렇게 차근차근 들어온 거잖아요. 천천히 들어온 거는, [물이] 천천히 들어오면서 공기는 천천히 다 빠져나간 거예요. 물이 들어오기 때문에 공기는 다 빠져나간 거예요. 공기가 차 있을 수 있는 어떤 공간이 없어요.

그거는 어… 전문가들 나와가지고 처음에 에어포켓 이야기했잖아요. 그 사람들 전문가가 아니에요. 그게 무슨 전문가예요. 여객선은, 그때도 김상우도 그런 이야기 했지만은, 여객선은 칸이 다 칸칸이 막아져 있는데, 어떻게 막아져 있어요? 철판으로 안 막아져 있어요. 이렇게 인테리어로 막아져 있는 거예요. (면담자 : 합판 같은 거) 합판 같은 걸로 막아져 있는 거예요. 여기에 어떻게 에어포켓이 생겨요, 다 빠져나가 버리지. 에어포켓은 절대로 안 생겨요, 여객선 따위가 어떻게. 물이 침수되는 거죠, 침수. 침수되기 때문에… 철판이라면 몰라요, 철판. 예를 들어서 해군 배같이 철판으로 칸칸이를 막아져 있다, 그러면 해치 문 탁 닫아버리면 [물이] 들어와도 조금씩 들어올 수 있는 거죠. 근데 그런 거는, 여객선은 합판이고, 예를 들어서 합판이 막아졌다고 해도 물에 가압이 있어서 그건. 그러니까… 제가 느끼기에는 거의 처음에 넘어갈 때, 거의 대부분 "다 사망했다"고 봐야 되겠죠.

면담자　　그러니까 잠수사님은 처음 TV 보셨을 때 '다 살 수 있다'라고 생각하셨던 건 이 아이들에게 다 갑판 위로 나오라고 할 줄 아셨던 거죠?

황병주　　나오면 다 사는 거죠. 나오면 100프로 다 사는 거죠.

면담자　　그렇죠. 당연히 나오라고 할 줄 알았고.

황병주　　그리고, 그리고 [배가] 조금 기울었을 때, 이 상태는 다 나올 수 있는 상황이었고. 그때, 조금 기울었을 때는 다 나올 수 있는 상황이잖아요. 그러니까 나는 충분히 다 나올 [수 있는], 그러니까 천천히 나오면 될 줄 알았죠. 그리고 저는 그렇게 빨리 기울어질 줄 몰랐어요, 배가. 처음에 이렇게 기울었을 때, 처음에 기울어 있는 상태가 최소한 몇 시간 갈 줄 알았어요.

면담자　　사실 또 많은 배를 연구하는 사람들이 그렇게 이야기를 했죠, 복원력이 있어서.

황병주   최소, 복원력이 아니래도 (면담자 : 네) 그 큰 배가 이렇게 하고 있으면 빨리 이게 안 가라앉아요. 이 상태로 나는 몇 시간 최소, 아무리 못 해도 몇 시간은 이 상태로 그냥 있을 줄 알았어요, 몇 시간은.

면담자   그러니까 그렇다고 알고 계시는 거죠? 보통 배는.

황병주   네, 네. '보통 배는, 그러니까 몇 시간은 이 정도로 있으니까 충분히 다 나올 수 있는 시간이 된다'고 나는 생각을 했죠, 충분히 다. 뭐 '[만약에] 나오기 어렵더라도 어떻게라도 구하[겠다'고], 이 정도 '이렇게 하고 있으니까 구할 수 있다'고 나는 생각을 한 거죠.

면담자   그거는 그냥 개인적으로 생각하신 건가요, 아니면 지금까지 바다에서 일하시며 쌓은 경험으로 말씀하시는 건가요?

황병주   지금까지, 네. 지금까지 [제가] 봤던 거, 배를 알고, 배를, [잠수]했던 제 경험으로.

면담자   네, 그런데 굉장히 빨리 기울어졌고.

황병주   네, 굉장히 빨리, 생각보다 빨리요.

면담자   네. 그렇죠. 그러면 배가 45도 정도 기울고 물에 반절 정도 잠기기 시작할 때부터는 '이거는 이미 끝이구나'라고 생각을 하셨다는 거죠? 그러면 지금 이 사고에 대해 여러 가지 해석과 의심들이 있는데요, 그중에 배 밑 부분에 충돌이나 구멍 또는 사고나 이런게 있어서 침수가 빨리 된 거 같다는 이야기가 있어요. 혹시 잠수사님은 배가 이렇게 빨리 기운 것에는 다른 이유나 문제가 있다고 보시는 건가요?

황병주   저는 다른 문제가 있다고 보는 거죠.

면담자   그러니까 보통 배는 그렇게 빨리 (황병주 : 네) 기울 수 없다.

황병주   그렇게 빨리 기울 수가 [없어요]. 그렇게 빨리 기울라면 완전히 [배가] 해까닥 뒤집히든가, 안 그러면 그냥 이렇게 하고 있든가. 이게 무게중심이 예를 들어서 한꺼번에 많이 쏠렸다, 그러면 해까닥 뒤집혀야 되는 거예요. 이렇게 하고 계속 안 있는 거예요. 어떤 다른 원인에 의해서, 그 원인은 나는 이제 '물의 침수가, 물이 많이 들어왔었다'고 보는 거고, 내 판단은 '물이 많이 들어왔다'고 보는 거고. '제어할 수 없을 정도의 많은 양의 물이 계속 들어오고 있었다' 나는 그렇게 생각, 판단해요. 나는 그렇게, 다른 뭐 그런….

면담자   네, 그 이유가 정확히 뭔지는 모르지만 어쨌든 침수가 있지 않았으면 배가 그렇게 빨리 기울 수가 없다고 보시는 거죠. 사실 잠수사님 아니고도 그렇게 생각하는 사람이 많이 있어요.

〈비공개〉

11
금호 바지 위의 사람들

면담자   아까 우리가 20일까지 이야기를 나눴어요. 20일 오후 4, 5시경에 잠수사님이 처음으로 잠수하시고 첫 장면에 대한 기억 말

쓸해 주셨고요. 그날, 잠수사님이 세 구를 인양하셨다고 하셨나요? (황병주 : 네) 그날 그럼 물속에 세 번을 들어가셨던 건가요? 아니면 한 번에 가서 세 명의 아이를 데리고 나오신 건가요?

황병주   어… 그때는, (한숨을 쉬며) 그때 기억이 내가 어떻게 했는지 [잘 안 나지만] 아마 그때는 그랬던 거 같아요. 어… 어떻게 했냐면 그때는 아마… 부양을 시켰어요, 부양.

면담자   아, 유리창을 통해 빼서 이렇게….

황병주   네. 라이프 자켓을 입었으니까. 이제 오면은 한 번 보고 끈, 라이프 자켓 끈 확인하고 잘 묶어서 이제 (면담자 : 띄우는 거군요) 부양을 시켰어요. 그것도 부양을, 그러니까 물이 배 쪽으로 흐르면 부양을 안 시키고 그냥 애들 데리고 올라왔고, 바깥쪽으로 물이 흐르면 부양을 시키고, 그런 방법으로, 23일 날까지 그런 방법을 했을 거예요. 그래서 그때 당시에 23일 날까지가 가장 많이 애들이, 많이 수습이 되죠. (면담자 : 그렇죠) 왜 그랬겠어요? 하나씩, 애들 하나씩 올라갔다 내려갔다 하면 시간이 많이 걸리니까, 그래서 가장 많이 그때, 수습이 많이 된 거예요.

면담자   그러면 위에서 그 아이들을 하나씩 하나씩 건지는 작업은 누가 했나요?

황병주   그건 이제 해경이, 해경이. 해경이 이제 아무튼 뭐 애들을 데리고 올라오든가, 부양을 시키든가 하면 이제 해경이 주위, 립이라고 하여튼 배들이 몇 대씩 계속, 다이빙 시작하면 계속 대기를 하고 있는 거예요, 며칠씩.

면담자   그 립이 혹시 이렇게 큰 고무보트 같은 거 말씀하시는 건가요? 노란 거 같은?

황병주   네. 대기하고 있는 거예요, 며칠씩. 며칠씩 대기하고 있다가 올라오면은, 그래서 수습해 갖고 배로 싣고 뭐 다른 배로 아마 또 갔을 거예요.

면담자   그러면 20일 날, 여섯 분이 거기서 계속 잠수를 번갈아 가며 하신 건가요? (황병주 : 네) 그날은 몇 시까지 하셨나요?

황병주   그날은 한 2시간 정도 했을 거고, 어… 새벽에 또 했었고. 그러니까 그때는 네 물때를 다 했어요. 하루에 네 번 물때를, 다. 그러니까 우리가 거의 잠을 못 잤죠, 그때는. 뭐… 잠 잘 데도 없었고, 또 잠 잘 분위기도 아니고. 뭐 분위기가 제가 가 있는, 그날 저녁에 딱 가니까요, 아… 느낀 게… '아비규환이구나'. 뭐 질서도 없고, 무슨 어떤 사람이 누가 하나 나서서 정리하는 사람도 없고, 관리하는, 제대로 관리하는 사람도 없고. 이거 뭐 주위에는 배가 진짜로 한 200척은 떠 있는 거 같아요. 그 주위에 뭐 어선들 뭐 뭐 그러지, 이제 밤 되니까, 어두워지니까 조명탄 계속 쏘지, 이건 무슨 진짜… (면담자 : 전쟁터에 나오신 거죠) 진짜로 나 이거 전쟁인 거예요, 전쟁이다. 그러면 처음에는 해경이나 누가 관리하는 사람이 있어서 정리를 해야 될 거 아니에요? 정리도 안 하더라구요.

면담자   그럼 그 금호 바지는 면적이 어느 정도나 되나요?

황병주   면적이… 16미터에, 세로 16미터, 가로… [아니] 가로가 16미터, 세로가 34미터인가? 그럴 거예요. 34미터 그 정도 될 거예요.

면담자　　　거기에 여섯 분이 올라가 계셨던 거고. 다른 분들, 혹시 해경도 거기 있었나요?

황병주　　　해경, 그러니까 그때는 인제 우리 잠수사는 6명이었어요. 잠수는 6명이 하는데 배에 올라와 있는 사람은 한 100명 정도 될 거 같아요, 배에 있는 사람은. 해경 근무자들 한 몇십 명.

면담자　　　그러니까 배라는 건 아까 그 3009함이요?

황병주　　　아니, 아니요, 금호 바지에, 금호 바지에 있는 사람이. 우리 잠수사, 잠수사는 6명밖에 아니에요.

면담자　　　그런데 그 좁은데, 그렇게 많이, 100명 가까이가 바글바글 있었던 거예요?

황병주　　　네, 바글바글. 그러니까 뭐 정신이 없는 거예요. 해경이, 걔네들은 3교대를 하더라구요, 3교대를. 그러니까 시간 되면, 자기네들 [교대] 시간 딱 되면 막 배, 립이 와서 내리고 지네들 갖고 왔던 장비도 다 가져가요, 자기네들 장비. 또 지네들 새로 온 놈 장비도 다 내려요.

면담자　　　뭐 하는 건데요? 거기서?

황병주　　　몰라요. (웃으며) 하지도 않는데.

면담자　　　그냥 계속 왔다가 갔다가.

황병주　　　왔다 갔다만 한 거예요, 하지도 않고, 하지도 못하고. 지네는 못 들어갔으니까, 그때는. [해경들] 그러지, [그리고] 물 시간 되면 그때 당시만 해도 이 민간 다이버들이 있었잖아요. 일반, 그 일반 왔던 사람들. 그 사람들 개떼같이 와요.

면담자　　　　아, 그 사람들도 금호 바지에 있었어요?

황병주　　　　네, 다 올라와요. 다 올라와서 구경하고 있는 거예요, 전부 다. 물에는 우리 6명만 들어가고 나머지는 다 구경하고 있어요, 다.

면담자　　　　그들은 그러면 뭐 잠수복 같은 건 입고 있나요?

황병주　　　　다 입고 있어요, 잠수복. 올 때 다 입고 와요, 또. 그건 왜 입고 오는지.

면담자　　　　그럼 그런 사람들은 거기 몇 명 정도 있는 건가요? 금호 바지에 몇 명 정도 있었나요?

황병주　　　　그 몇십 명이 있는 거죠.

면담자　　　　그 몇십 명이. 그러니까 해경도 한 몇십 명이 있고?

황병주　　　　해경도 한 2, 30명 있고, 또 그런 사람도 몇십 명 있고, 우리는 6명 있고. 그거를… 한 22일 날까진가 그런 거 같더라구요. 그러니까 22일인가 이 정도 되니까… 유가족이, 그때 유가족이 그때 두 사람이 거기 타 있었어요, 유가족이.

면담자　　　　그럼 19일부터 유가족이 거기 있었나요?

황병주　　　　그건 모르겠고 [저는] 20일 날 왔으니까, 20일 날.

면담자　　　　그 유가족이 혹시 누구신지 알 수 있을까요?

황병주　　　　유호근, 유호근. 유경근이 동생, 유경근 씨 동생, 유호근. 유호근 씨, 이 친구랑 또 한 사람 있었는데 잘 모르겠어요. 그 사람은 모르고, 유호근 씨만 잘 아는데. 이 친구, 유호근 씨가 22일 날엔가 정도 되니까 자기 본인이, 그 사람이 정리를 하더라구요. 막 이제 외부에서 일반 잠수사들, 다이버들이 막 배에 대면은 배에 못 대게 해. "오지 말라"고, 줄을 던지면 "다시는 오지 말라"고 접근 못 하게 하더라구요. 그래서 정리가 되기 시작하더라구요. 이거를 해경이 해야 되는데.

면담자　　　그렇죠. 그러면 들어갈 엄두도 못 내는 다른 민간 잠수사 수십 분과 해경들이 있는데 어쨌든 여섯 분만 계속 물속에 들어갔다 나왔다 하셨잖아요. 그러면 "그렇게 하라"고 누가 지휘를 한 건가요?

황병주　　　그때 당시에는 누가 있었냐면은 어… 언딘의 관리하는 사람이 한 명 있었어요.

면담자　　　아, 그 바지선 위에요?

황병주　　　네. 언딘의 관리자가 한 명이 있었어요. 어… 언딘의 관리자가 한 명이 있었고, 걔가 뭐 하라고 어쩌고 하는 건 [없었고 물속에 들어가는 건] 우리가 스스로 자발적으로 했던 거고. 아마 상황 파악하고 뭐 이런 보고하고 이런 것만 한 것 같아요, 그 사람은, 누군지도 모르는데.

면담자　　　그럼 여섯 분만 들어가라고 한 거는 누가 그렇게 시킨 건가요? 여섯 분만 계속하기 힘드니까 다른 서 있는 잠수사들도 구경만 하지 말고 들어가라는 이야기는 왜 안 했던 건가요?

황병주   그런데 그게… 그 사람들이 들어가려면 들어갈 수 있는 라인을 설치를 해야 돼요. (면담자 : 네) 아무나 그냥 못 들어가요.

면담자   그 라인을 설치하는 건 무슨 이야기인가요?

황병주   하강 줄을 만들어야 돼요, 하강. 그러니까 (탁자 위의 물건을 하나 쥐며) 이게 이제 세월호예요.

면담자   네, 네. 그리고 바지선이 이렇게 있죠.

황병주   바지가 이렇게 있으면(한 손으로 위치를 잡으며), 바지를 어떻게 저거를 했을까? 어… 이쪽이, 이쪽이 선수고 이쪽이 선민데 바지가 이쯤으로 이렇게 세팅이 되어 있을 거예요, 이쯤. 바지하고 세월호하고 줄을 연결을 해야 하는 거예요.

면담자   그렇죠, 묶는 거죠.

황병주   묶여야지만이 이걸 잡고 내려가는 거예요. (면담자 : 그렇죠) 안 그러면 그냥은 못 내려가요. 그리고 전혀 하나도 안 보이기 때문에 여기까지 그냥 못 가요, 엉뚱한 데 가요, 가면은.

면담자   그렇죠, 큰일 나죠.

황병주   이런 작업이 안 돼 있기 때문에, 들어가려면 이런 작업부터 먼저 해놔야 되는 거예요, 이런 작업부터. 그런데 이런 작업도 못 한 거죠, 이런 작업조차도. 이런 작업도, 이런 작업은 처음에 들어갈려면, 우리들은 이제 어떻게 해야 되나를 방법을 다 아니까 금방 쉽게 하는데, 이런 걸 안 해본 사람은 못 해요. 이런 방법, 이 줄 하나도 설치를 못 해요. 그냥 이렇게 내려가면은 이 배, 내가 그냥 여기서 내려가잖아요? 그럼 이리 내려갈지, 이리 내려갈지 몰라요. 흘러가기 때문에, 흘러가기 때문에. 그럼 우리들은, 우리들은 여기다, 목표 지점에다 무거운 추를 내려서 그 추를 이제, 그 추에서 위에로 잡고 이렇게 내려가서 그 줄 풀러서 다시 연결을 하고 해야 하는데, 그걸 안 해본 사람은 그거 못 해요.

면담자   그럼 금호 바지에 그 줄은 누가 설치한 건가요?

황병주   그 전날에 인제.

면담자   왔었던 그 세 명 잠수사분들이 하신 건가요?

황병주   그 전날에⋯ 했을 거예요. 그러니까 18일 날엔가? 18일 날엔가 전광근 잠수사가 아마 했을 거예요, 전광근 잠수사가. 그리고 18일 날 잠수를 했는데, 아마 그 줄이 끊어졌다든가 어쨌다든가 뭐 그 해경 배, 그때는 해경 배로 했으니까. 그래서 아마 그 줄 새로 다시 아마 그 친구들이 맸는지 모르지만, 19일 날.

면담자   그러면 18일에 배에다 줄을 연결했던 거군요. 이건 배에다 줄을 연결했었던 거고 그다음에 그러면⋯.

황병주   이 배에 연결한 줄은 있으니까, 있으면 이건 배만 나가면 풀어버리면 [줄이 아직] 살아 있잖아요. 이 줄을 가져다가 이제 금호에다.

면담자   아, 금호에다 연결하는 거구나. 그러니까 처음에 배에다 연결한 거는 전광근 잠수사님이 하시고 그걸 나중에 풀어서 금호 바지에다 연결을 한 거군요. 그럼 그 줄은 잠수사님이 20일 날 들어가셨던 그 당시에는 몇 개가 있었나요? 몇 사람의 잠수사가 내려갈 수 있게 되어 있었나요?

황병주   그때는 아마… 우리는 하나밖에 없었던 것 같은데. (면담자 : 하나밖에 없었어요?) 하나밖에 없었던 것 같아요. 그냥 떠 있는 것들이 있긴 있었는데, 해군이 묶어놓은 건 있긴 있었는데….

면담자   그게 배에 연결되거나 이런 거는 확실치가 않았던 거고?

황병주   네. 그건 배하고는 연결 안 돼 있었어요. 연결 안 돼 있고, 그냥 부위만 매달려서 떠 있는 거는 봤어요.

면담자   네. 그래서 다른 민간 잠수사들이 내려갈래도 줄이 한 줄이기 때문에 사실은 내려갈 수가 없었던 건가요?

황병주   그렇죠. 내려가려면은 줄을 다시 설치를 해갖고 해야 하는데 그런 걸 못 하니까, 뭐 있었겠죠 그냥?

면담자   그러면 제가 잘 몰라서 여쭤보는데 만약에 내가 이 줄을 묶어서 쓰기 시작하면 나는 이 줄을 쓸 수 있고 다른 사람은 쓸 수 없는 그런 건가요?

황병주   음… 그렇다고도 봐야 되겠죠. 왜 그러냐면 우리가 일하는 곳이니까요. 우리가 일을 안 한다면은 뭐 다른 사람도 할 수 있겠지만, 우리가 일할 때는 계속 일을 해야 되니까, 일할 시간에는. 그러면은 거기에 다른 사람이 와서 엉키면 안 돼, 그것도. 그것도 엉키면 또 안 되고, 물론 이제 다른, 그때 당시 공기통을 갖고 온 민간 잠수사 여자가 한 명, 해군도 그렇고. 그때 초창기에는 공기통 갖고 오니까 상관없겠지만, 공기통으로, 공기통 갖고는 인양을 할 수 없어요. 공기통 갖고는 안 돼요.

면담자　　　그러니까 그 줄을 통해서 위에서 공기를 주입하고 이런 것들이 다 이루어지는 건가요? 그건 아닌가요?

황병주　　　공기 주입하는 호스는 따로 있죠. 내가 이제, 그거는 내가, (무언가를 뒤적이며) 그게 참 사진이….

면담자　　　그러니까 이거를 뭐, 저 같은 사람은 너무 기본적 지식이 없으니까. (황병주 : (침묵) (사진을 찾는 중)) 그럼 그 잠수사들은 잠수를 하려고 왔지만 자기가 그 줄을 연결하거나 그럴 수 있는 능력은 없었던 건가요?

황병주　　　그럼요. 그게 (헛웃음을 웃으며) 쉬운 게 아니에요. 거기 그때 당시 온….

면담자　　　만약 줄이 있었다면 그분들은 할 수가 있나요? 아니면 줄이 있어도 힘든가요?

황병주　　　줄이 있어도 어렵죠. 이렇게 인제 호스가 이거는 이제 따로 뭐야, 공기 호스는 따로 묶고 들어가요. 연결해 주는 거예요. 공기 없으니까 따로 갖고 들어가는 거예요. (면담자 : 아, 여기다) 여기에 이제 (사진을 보여주며) 하강 줄 여기에 묶여져 있고요. 그렇죠?

면담자　　　아, 그 얇은 게 그 줄인가요? (황병주 : 예) 하얀 거요? (황병주 : 예. 이 앞에) 이 줄이요? 요 줄이요? 아, 요 줄이요? (황병주 :

아니요, 이거) 까만 줄?

| 황병주 | 아, 이거네요, 이거, 이거. |

면담자　　아, 그렇구나. 그래도 생각보다는 막 엄청 두꺼운 줄은
아니네요.

황병주　　음… 20밀리미터요, 20밀리미터요.

면담자　　2센티미터? (황병주 : 2센티미터) 아… 그렇군요. 그러면
이제 23일까지 그 여섯 분이 계속 계셨던 건가요?

황병주　　아니, 아니요. 21일 날 오후에, 21일 날 오후에… 네 명
인가? 세 명인가가 또 들어와요, 정확하게 잘 모르겠는데.

면담자　　그러니까 여전히 금호 바지 위에는 사실 잠수사라고 불
리는 한 2, 30명이 있지만 그분들은 잠수를 못 하고 산업잠수를 하실
수 있는 분이 이제 서너 명 더 들어오신 거죠?

황병주　　서너 명 들어왔다가… 그다음 날엔가? 세 명이 다시 또
가요, 자기네들은 "도저히 못 하겠다"고.

면담자　　그분들은 물속에 들어가 보시고 못 하신다는 건가요?

황병주　　네, 들어가 보고, 들어가 보고. 처음 온 사람들은 나하
고 또 페어로, 처음 왔으니까 내가 데리고도 들어갔는데 나하고 한
두 번인가 들어간 거 같애, 두 번인가 세 번 들어갔는데, 그다음 날 자
기네들은 "할 일이 아닌 거 같다"고 그러고 가더라구요. 세 명인가 갔
어요. 울산에서 왔을 거예요, 그 친구들이, 울산에서.

면담자   그분들은 어떤 면에서 자기가 할 일이 아니라고 그러신 건가요?

황병주   음… 능력이 안 된다는 이야기죠, 능력이.

면담자   그러니까 그분들도 산업잠수사이긴 하지만.

황병주   그렇죠. 그쪽 사람들은… 울산 쪽에서 [주로 잠수를] 하다 보니까 그 시야가 안 나오고 앞이 안 보이는 데는 못 하는 거죠, 잘.

면담자   아, 울산 쪽은 좀 잘 보이나요?

황병주   그렇죠, 잘 보이죠, 그쪽에는. [그래서 시야가 안 나오는 데는] 잘 못하고, 이제 그쪽에는 조류도 많이 없고. [근데] 여기는 뭐, 그러니까 깜깜한, 깜깜한 밤에 아무것도 안 보인다고 보면 되죠. 아무[것도] 안 보이는 거를 줄 하나만 의지해서, 그 줄 갖고 찾아가고 이런 거니까.

면담자   사실 굉장히 위험하기도 하네요.

황병주   엄청 위험하죠. 사실 많이 위험하기도 하고요, 엄청. 나중에 선실에 들어갈 때는 거의가 어… '죽을 수도 있다'는 생각을 안하고 들어간 사람이 한 사람도 없어요. 그리고 들어가기 전에 표정들을 보면 전부 다 굳어 있어요. [그렇게 긴장해서] 들어가요, 근데 막상 들어가면 잊어버리죠. 해야 되는 일이 있고, 또 뭐 그런 것도 해야 되기 때문에 잊어먹는데, 들어가기 전에는 전부 다 엄청 긴장을 해요, 어떤 사람이든 간에. 전혀 뭐… 배 안에, 선실에는 이제 복도, 여기서 요만큼밖에 안 하는 복도, 어떤 문은 문도 다 안 열려서 (두 손으로 가늠하며) 요만큼밖에 안 열려요. 진짜로 요만큼밖에 안 열려 있어서 이렇게 비집고 들어가야 되거든요? 그런 거, 저런 거, 아무것도 없이 위에가 트여 있다, 뭐 우리가 공사하듯이 현장에서 그런 위에가 아무것도 없다 이러면야 아무렇지도 않죠. 그러면 부담이, 보인다면 아무래도 부담이 없는데, 이거는 [좁은 공간으로] 들어가야 하고 어째야 되고, 내가 위험한 상황에 탈출할 수 있는 게 안 되거든요.

면담자　　그렇죠. 사실 거기선 무슨 상황이 벌어질지….

황병주　　탈출을 하려면 내가 들어갔던 길을 다시 그대로 나와갖고 여기를 탈출해야 하는데, 그 시간에, [내가] 그때까지 버틸 수 있을까 이런 생각을 계속, 그런 잡념을 갖는 [상황에서 잠수를 하고] 있는 거예요. 그러니까 참….

면담자　　막힐 수도 있고 통로가, 그렇죠?

황병주　　그러니까 뭐 '잘못하면 죽을 수도 있다' 이런 생각을 항상 하고 들어가는 거죠.

12
4월 23일까지 잠수에 참여한 이들

면담자　　이야기를 들으면 들을수록 정말 어마어마한 일을 하셨네요. 그러면 20일 날은, 잠수하시고 나오면 챔버인가요? 이런 데 좀 들어가 계셔야 하잖아요. 금호 바지에는 챔버가 있었나요?

황병주   거기 챔버 없었죠. 20일 날[부터] 23일 날까지 없었어요.

면담자.   23일 날까지요. (황병주 : 네, 23일) 그러면 20일, 21일, 22일에 황 잠수사님 같은 경우에는 물속에 몇 번 정도 들어가셨고 잠수 시간이 총 어느 정도인지 각각 대충이라도 알 수 있을까요?

황병주   아, (한숨을 쉬며) 그때는 23일 날, 22일 날. 23일 날까지는 아니더라도 22일 날까지는 인원수가 적어서 하루에 최하 세 번은 들어갔어요. 최하 세 번 들어갔고, 한 번 들어가면 30분 정도, 30분에서 35분. 어, 30분에서 한 40분까지 되겠구나. 30분에서 40분 정도 왔다 갔다 해요, 그거는. 그랬고 하루에 최하 세 번, 사람이 없었으니까, 계속 로테이션으로 들어갔으니까.

면담자   여섯 분이 그렇게 하신 거죠?

황병주   여섯 명이 해서 어… (면담자 : 다음 날) 다음 날 네 명이 왔다가 세 명이 다시 갔고, 한 명 남았고. 그러니까 또 21일 날은 세 명이 있었다가 22일 날 다이빙 안 하고 아침에 가버렸으니까. 그러니까 뭐 일곱 명 이 정도가 계속 있었고, 일곱 명이 했다고 보면 되죠. 그리고 23일 날에사 이제 인원이 좀 보충이 되기 시작하죠. 23일 날에 인원 보충이 되기 시작하죠.

면담자   제가 다시 정리해 볼게요. 그러니까 20일 날 황 잠수사님 들어가시기 전에, 19일 날 오후에 원래 그 팽목항 근처에 계셨던 세 분 잠수사분들이 들어가서서 세 구 인양을 했구요. 20일 날 황 잠수사님이 들어가셨을 때, 세 분 들어가셨는데 그때 거기에 먼저 와 계신 세 분 포함해서 총 여섯 분이 계셨던 거구요. 그리고 21일 날, 오후에 네 명이 왔었는데 세 명이 돌아가고 한 명이 남아서 총 일곱 명이 된 거죠? 그 돌아가신 분들은 그날 바로 돌아가셨나요?

황병주 아뇨, 22일 날 갔어요.

면담자 22날 아침에 가셨어요? 이분도 한 번은 어쨌든 잠수를 하셨겠네요?

황병주 아뇨. 두 번 했어요.

면담자 아, 두 번 하시고.

황병주 네, 두 번. 나하고 같이 한 사람은 한두 번 했으니까. (면담자 : 아, 그래요) 내가 두 번, 내가 두 번을 데리고 들어갔으니까.

면담자 그러면은 그 돌아가신 세 명, 이 분들도 가시기 전에 잠수를 하시긴 하신 거네요. 한 번이든, 두 번이든.

황병주 네, 한 번씩은 아마 했을 거예요.

면담자 네 분 중에 이 세 분이 22일에 돌아가시고 한 명이 남으셔서 총 일곱 명이, 22일부터는 총 일곱 명이 하신 거네요. 그러다가 이제 23일에 잠수사분들이….

황병주 23일 오후에 이제 잠수사들이 투입되죠.

면담자 오후에요? (황병주 : 네, 오후에) 그때는 몇 명 정도 오신 건가요?

황병주 정확하게 몇 명인지 모르겠는데 한… 여섯 명 정도나 된 것 같죠? 여섯 명, 아니 23일 날은 여섯 명이 안 됐나?

면담자   이때가 바지가 바뀔 때 아닌가요? 23일이?

황병주   네, 언딘 리베로 바지로 바뀐 거죠.

면담자   그러면 바지가 바뀌고 들어온 건가요? 아니면?

황병주   [바지가] 바뀌면서 이제 [잠수사들도] 들어오면서 그랬죠.

면담자   그러면 금호 바지는 누가 불러서 설치한 건가요? 금호 바지라는 게, 금호라는 회산 거죠?

황병주   네, 금호샐비지라는 회사예요. 금호샐비지라는 수중회사.

면담자   그건 맨 처음에 해경이 금호한테 부탁을 해서 이걸 설치한 건가요?

황병주   그건 모르죠.

면담자   그건 아직 아무도 모르는 건가요?

황병주   아니 뭐, 금호 사장은 알겠죠. 해경이 하라고 했겠죠, 아니면….

면담자   그런데 어쨌든 가셨을 때 금호 바지가 그날 새벽에 설치가 되고 있었던.

황병주   새벽이 아니고 낮에, 낮에.

면담자   네. 그럼 23일에 금호 바지가 빠지고 언딘 바지가 들어온 건가요?

황병주   그렇죠. 금호 바지는 빠지고 이제 언딘이, 언딘 리베로가 들어온 거죠.

면담자   그건 왜 그런가요?

황병주   그거는… 아마 언딘 리베로를… 해경에서[는] 원래 그걸 할라고 그거를 계약을 했는가 보더라구요. 그랬는데 그 언딘 리베로라는 바지가 그때 당시에 고성에서 건조를 아직 덜 하고 마무리 단계가 안 됐던 거예요. 마무리 단계가 안 돼서 그걸 마무리를 하고 있고, 그리고 장비, 이제 앞으로 필요한 장비들 그거를 싣고, 또 챔버도 싣고, 여러 가지 컨테이너도 싣고, 뭐 이런 걸, 그런 걸 이제 준비를 해갖고 온 거 같아요, 아마. 그래서 준비를 하러 우영, 공우영 잠수사는 [저한테는] "너는 내려가서 가라" 그리고 자기는 거기를 간 거예요. (면담자 : 고성에) 네, 거기 이제 준비를 시키러. 그리고 준비를 시켜가지고, 시켜놓고, 자재 이런 거 뭐 준비하고, 또 목록 주고 그다음 날 이제 우영이 형이 들어온 거죠. 21일 날 들어왔죠, 21일 날 오후에 들어왔어요. 이 사람들하고, 21일 날 오후에 이 세 명하고 같이 들어왔어요. 〈비공개〉

면담자   아, 그러면 이 남으신 한 분이 공우영 잠수사신가요? (황병주 : 아니, 아니) 아니에요? 그럼 세 명 중 한 분이 공우영 잠수사?

황병주   아니, 아니에요. 우영이 형은 따로.

면담자   아, 따로. 그럼 21일 날 이 네 명이 오실 때 또 공우영 잠수사도 오신 거군요. (황병주 : 네) 총 다섯 명이 오신 거네요?

황병주   정확하게 다섯 명인가 여섯 명인가 잘 모르겠어요. 하여튼간 그래요. (면담자 : 네) 아, 그때 아마, 그날 전광근이도 같이 왔나.

면담자　　　잠깐만요. 이걸 확인을 다시 좀 할게요. 물론 다음에 공우영 잠수사님도 만나러 제주도로 갈 거예요. 가기는 할 텐데, 그러니까 원래 여섯 분이 하시다가 21일 오후에 네 명이 왔다가 세 명이 돌아가는데, 그분들 이외에 그때 공우영 잠수사도 같이 오셨나요?

황병주　　　네, 같이 왔고. 그때 아마 전광근이도 같이 왔는지 어쩐지는 모르겠어요. (면담자 : 아, 그건 모르시겠고) 그건 정확히 잘 모르겠어요.

면담자　　　그러면 그 이후에 세 명 돌아가고 한 명 남으셨잖아요? 이분이 누구신가요?

황병주　　　강유성이요.

면담자　　　강유성 잠수사님이고. 그리고 공우영, 전광근 잠수사님도 같이 그러면….

황병주　　　같이 왔던 거 같아요, 전광근이도 아마.

면담자　　　같이 오셔서 그럼 계속 그… 시신 수습을 같이 하시게 됐나요? 그 이후에는?

황병주　　　네. 같이 했죠. 같이 해서… 23일 날엔가? 23일 날엔가 광근이랑 저랑… 잠수, 잠수병이라고, 그러니까 벤즈[bends]가 왔어요. 잠수병이 왔어요, 잠수병이 둘이. 그래서 해군 배에 가서 치료를 하고 왔어요, 해군 배에 가서. 23일 날일 거예요, 그러니까 아마 바지 세팅하고 그 시간에 아마 우리는 가서 치료하고 와서, 원래는 잠수병

치료, 챔버에 잠수병 치료를 하면은 일주일 정도는 다이빙 못 하게 하거든요. 그다음 순서에 또 바로 했죠, 어쩔 수 없이 사람이 없으니까.

면담자　　그때 언딘 바지로 바뀌는 세팅 중에 이제 전광근 잠수사님하고 황병주 잠수사님은 해군 배에 챔버가 있어서 거기서 치료를 받으신 거죠? (황병주 : 네) 그러면 그 전에는 챔버가 전혀 없었고, 뭐 의사나 이런 건 전혀 없었고요. (황병주 : 네) 그러면 그때 해군 배가 떠 있었던 거네요? (황병주 : 네) 그러면 해군에 소속돼 있는 잠수사들은 안 왔나요? SSU는?

황병주　　음… SSU도 그때는 했죠, 하긴 했죠.

면담자　　그러면 SSU 그분들은 어디서? 배에서 내려서 했나요?

황병주　　고무보트에서.

면담자　　고무보트에서?

황병주　　고무보트에서. 처음에는 고무보트에서 공기통으로, 공기통 메고 했어요, UDT하고. 주로 공기통 메고 했는데, 공기통 메고는 안 돼요. 한계가 있잖아요. 그래서 언딘 리베로가 오면서 이제 자유롭게 장비 다 갖고, 엄빌리컬[umbilical]이라는 호스 그거 갖고 와서 이제 했어요, 잠수를. 우리하고 옆에서 하게 된 거죠.

면담자　　아, 그러니까 이제 따로 줄을.

황병주　　네, 따로 줄을 해서. 이제 우리가 두 조로, 낮밤으로 한 번 하고, 이쪽에 자연히 이제 해군은, [그러니까] A, B, C조로 나눠서, 우리는 A, B조를 하고 저쪽은, 해군 C조를 하고 이렇게.

면담자   그게 23일부터요?

황병주   네, 23일 저녁부터.

면담자   저녁부터. 그러니까 언딘 바지가 설치된 게 23일 저녁
이군요.

황병주   네, 완전 되게 된 게, 오후에 설치됐으니까.

면담자   그러면 23일 저녁에, 해군 쪽은 잠수사가 몇 명 정도 있
었던 건가요?

황병주   그건 잘 모르겠어요, 개네는 잘 모르겠어요. 개네들이
계속… 한 몇십 명 넘겠죠? 어차피 잠수는 몇 명 안 하지만, 잠수를
하기 위한 잠수사들이 많이 있어야 되거든요. 잠수를 하기 위해서 다
른 잠수사들이 많이 있어야 되는 거예요. 보조 잠수사하고 뭐 하여
튼, 잠수를 하기 위해서는, 한 조가 되기 위해서는 여러 명이 있어야,
대기도 해야 되는 거고. 그러니까 해군 거의 한 조에 어… 두 명이나
세 명이나 정도가 호수 잡고, 한 명은 인제 폰 지시하고. 잠수사 A, B
있고 대기 잠수사 A, B 있고 뭐 한… 한 타임이 움직이려면 한 10명
정도 대기를 하고 있었을 거예요, 못해도. 그러니까 열몇 명씩은 해
군도, 해군 간부들까지 하면 뭐 해군도 2, 30명은 항상 있다고 볼 수
있죠.

면담자   반면에 이제 우리 팀에서는 지금 일곱 명하고 공우영,
전광근 잠수사 합친다고 해도 아홉 명이 그 모든 걸 다 했었던 거군요.

황병주   네, 했었죠, 23일까지는.

면담자　네. (잠시 침묵) 계속하실 수 있으시겠어요? 너무 힘드
세요?

황병주　아니요, 괜찮아요.

면담자　괜찮으세요?

황병주　네, 빨리해야 될 거 같은데요?

면담자　제가 너무 자세하게 여쭤보죠? (웃음)

13
언딘 바지, '아비규환'

면담자　　　제가 황 잠수사님이 초반부터 계셨기 때문에 그때 이야
기를 좀 자세하게 들으려고 해요. 왜냐하면 그 이후에 오신 분들은 좀
계신데, 초반에 계신 분들은 많지 않으셔서요. 그럼 언딘 바지가 23일
날 들어오고, 지금 일반적으로 알려진 거로는 "해군이 언딘이랑 계약
을 했고 언딘이 무엇인가 잘못했다" 이렇게 좀 알려져 있잖아요. 근데
지난번에 김상우 잠수사님 같은 경우도 "그건 사실이 아니다. 뭔가 잘
못 알려져 있다"라고 하셨는데, 그게 무슨 이야기인지 황 잠수사님이
아시는 그 상황을 조금 설명을 해주셨으면 좋겠어요. 그리고 88수중
은, 나중에 88수중은 언제 들어오게 된 거죠? 5월? (황병주 : 네) 5월 6일
인가 그쯤 들어오죠?

황병주　　　5월 달에 들어오죠. 5월 6일인가? 정확하게 날짜는 모

르겠는데 5월 달에 들어왔어요. 5월 달에, 5월 6일 넘어서 들어왔을 거예요.

면담자 그런가요? (황병주 : 아니면 그 전인가) 네, 제가 이건 확인을 해보면 될 거 같구요. 그 이야기를 좀 해주세요. 언딘 바지 들어온 다음에 상황이 어떻게 진행이 됐나요?

황병주 글쎄요, 언딘. 저희들도 물론 이제 언딘 다이버라고 욕을 많이 먹었잖아요. 언딘 다이버라고 같이 싸잡아서 욕을 많이 먹었는데, 내가 객관적 입장을 봤을 때는 언딘은 그 욕먹을 짓을 했는지 안 했는지는, 내가 봤을 때 욕먹을 짓을 하는 것 같지는 않아요(웃음). 물론 해경하고 계약을 했으니까 욕을 얻어먹은 거 같아요. 그러니까 결론은 해경이 잘못했기 때문에 언딘이 욕을 얻어먹은 거 같아요, 내 봤을 때는.

면담자 그 계약이 원래부터 해경이랑 있었던 거 같으세요? 아니면 요번 사건 이후에 계약을 맺은 건가요?

황병주 이 사건 이후에 언딘하고 해경하고 계약을 한 게 아니라, 내가 알기로는 언딘하고 청해진하고 계약을 했던 거예요.

면담자 네, 청해진해운하고요.

황병주 네, 청해진해운하고. 어… 그거는 어떤 계약이냐, "배 인양하는 계약을 했다"고 한 거 같아요, 청해진해운하고. 그래서 그 와중에 그러면 청해진해운하고 해경하고 얘기했을 거 아니에요, 사고가 났으니까 빨리 어떻게 해야 되는 거 아니냐는. 그러면 국내 업체에서 뭐… 저기 뭐냐, 수난 구호 저거에 가입이 돼 있는, "국제수난[구호협회에] 가입 돼 있는 회사가 언딘이랑 몇 군데 없다"고 하더라구요. (면담자 : 네) 그리고 언딘이라는 회사 사장이 "수난구호협회" 뭐… (면담자 : 간부) "간부를 하고 있다"고 그러더라구요. 그랬으니까 아마… 가까이 있었으니까 했을 거 아니에요. "니네가 하면 어떻겠냐?" 이렇게 했는지 어쨌는지 그건 모르겠고, 하여튼 뭐 계약을, 계약을 한다고 했는데 계약을 안 했대요.

면담자   아, 계약은 안 했대요, 청해진해운하고?

황병주   네, 계약을 안 했대요, 말로만 했대. 구두상으로만 했는데, 배를 건지는 상황이 아니잖아요. 배를 건져야 할 상황이 아니잖아요. 막상 가서 보니 배를 건저야 되는 게 아니라 시신 수습을 해야 되는 상황이 됐잖아요. 그러니까 그런 건 싹 없어져 버린 거고, 계약이니 뭐니 이런 건 싹 없어져 버렸고 "일단 수습을 하자" 이렇게 된 거예요.

면담자   그러니까 언딘은 원래 시신 수습하는 회사가 아니라 (황병주 : 그렇죠) 배를 인양하는 회사인 거네요. 상하지샐비지 같은 거네요.

황병주   그렇죠, 그렇죠.

면담자   그러니까 무슨 기구를 가지고 와서 배 그런 걸 인양을 하는.

황병주   그렇죠. 그런 걸 하기를 위해서 인제 이야기를 했는데 어… 그 상황에서 배 인양은 아니잖아요. (면담자 : 그렇죠) "일단은 시신을 수습을 하자" 이렇게 된 거예요. 그래서 우리도 사실, 나도 "배를 인양한다"고 말을 듣고 갔는데 어떻게 거기서 배를 인양을 해요? 시신이 이렇게 있는데 무슨 배 인양[한다는] 말을 할 수 있어요? 전혀. "일단 애들 수습을 하자" 이렇게 된 거예요. "일단은 먼저 수습을 하자. 다 나중에, 모든 일은 다 나중에", 일단. 그리고 분위기 자체가 무슨 다른 걸 해야 될 분위기가 아니고, 무슨 뭐 [물속에] 들어갔다 하면 시신, 이렇게 하면 막… 잡히는데 이거를 어떻게, 이거를 해야 되잖아요. 다른 거 다 안 해야지, 이거부터 해야 되지. 그러니까 그런 뭐 다른 거 할 것도 없이, 완전 아무 생각 없이, 일단 빨리빨리 조금이라도 빨리 애들 [수습하는 게] 이거밖에 없는 거예요. 오로지 그 생각밖에 없는 거예요, 전부 다. 나 아닌 다른 사람도 다 그랬을 거예요, 아마.

그래서 언딘이라는 데는 아마 거기에 대한 그, 매스컴에서 내가 [생각]했을 때는 매스컴에서 뭐라 그런 거 같애요. 어떤 사람, 어떤 저거를 해야 되잖아요, 누군가 책임도 져야 되고 뭐 이렇게 해야 되다 보니까 매스컴에서 언딘을 나쁜 쪽으로 몰아간 거죠. 그러니까 뭐 요즘 SNS 얼마나 발달했어요, SNS에 난리도 아니고. 특히나 내가 많이 느꼈던 게, 그때 당시에는 JTBC, JTBC 참 많이 보고, 나는 지금도 많이 봐요, 많이 보는데, 그때만큼은 JTBC가 참 잘못했던 거 같애요. 그리고 그때 당시에 JTBC뿐만 아니고 모든 언론이 다, 거기 우리 있을 때, 다 오보야, 다. 다 오보예요, 다. 모든 언론이 다 오보예요, 다. 그 원인은, 원인은 난 또 정부에 있다고 봐요, 원인은, 어떤 원인이든. 모든 언론을 차단을 시켰어요. 들어오지도 못하게 했고, 철저하게 우리도 언론 인터뷰 같은 거 못 하게 했고, 전화도 못 하게 했고, "하지 말아라. 하지 말아라".

한번은 유일하게 나한테, 나만 [인터뷰] 허락을 한 번 했어요. 인제 중간중간에 그… 공식적으로는 했지만 공식적으로 말고, 신문 인터뷰를 유일하게 "여기서 누가 할 거냐?" 언딘에서, 그때 언딘이 이제 관리를 하고 있으니까, 언딘에서 우영이 형한테 "누구 할 사람 소개해 주세요" 이렇게 된 거예요. "황병주가 해라" [그래서] 제가 인터뷰를 계속했어요, 그 상황을, 신문하고. 그랬는데 한 3일 동안인가를 했을 거예요. 잠도 못 자고 쉬는 시간에 계속 전화로 [인터뷰]했으니까. 그랬는데 그러고 나중에 그 "이름이 나가야 된다"고 하더라구요. "그러면 나는 그만, 안 됩니다" [그러니까] "왜? 왜 안 되냐?" 하더라구요. "지금 여기서, 나[뿐] 아닌 모든 사람이 이렇게 고생[하고], 잠 못 자고 고생하고 있는데 여기서 내가, [인터뷰에] 내 이름 나가서 내가 이렇게 고생하고 있다고 신문에 나가고, [그런] 인터뷰를 [내가] 하면은 [다른 사람은 뭐가되냐]". 지금 얘네들이 다, 이거 뭐냐, 휴대폰, 그때는 [휴대폰이] 다 됐어요. [휴대폰도] 보고하는데 [기사로] 이런 걸 봤을 때 후배들[이], 내가, 후배들인네 다. "그럼 내가 혼자서 튀는 건 아니냐, 너무. 나는 그거 싫다. 후배들 고생하고 있는데, 내가 이거 튀는 거 나는 싫다. 난 안 할란다. 내 이름 내보내지 마라. 내 이름 안 내보내고 이 상황을 [보도]할려면 하고 안 할려면 하지 마라" [그랬더니] "그러면 안 된다" 하더라구요. "그러면 하지 마라" 그러고 안 했어요. 그랬는데도 몰래몰래 어떤 애들은 전화로 인터뷰를 하긴 했더라구요.

근데 그때 당시, 다른 JTBC 이런 저거는 [정부가] 통제를 하니까 추측성 보도만 계속하는 거예요, 그게. 그러니까 오보가 계속되더라구요, 보니까. 그러니까 밖에서, 팽목항에서, 다이빙, 물에 한 번도 들어가 보지도, 현장에 와보지도 않은 사람을 인터뷰를 하고 그랬죠. 잠수사라고 인터뷰하고 그랬죠. 〈비공개〉

면담자   그 언딘 바지에도 유경근 위원장 동생이었던 (황병주 : 네, 유호근 씨) 유호근 씨가 계속 계셨나요? (황병주 : 아니요) 언딘 바지에는 안 계셨나요?

황병주   언딘 바지는 왜 없었냐면은요, 23일 날 오전에 조카가 나왔어요. 그러니까 올라갔죠.

면담자   예은이가 그때 나왔군요.

황병주   네, 예은이가 나와서 갔었어요. 그러니까 없었죠.

〈비공개〉

면담자   그러면 언딘 바지에는 유가족도 없었고?

황병주   아마… 인제 다른 사람들이 조금씩 왔다 갔다 했을 거예요. (면담자 : 아, 왔다 갔다) 계속 왔다 갔다 했었고, 돌아가면서 온 거 같더라구요.

면담자   그럼 어떤 기자들을, 그곳에 쭉 있었던 기자가 있었나요? (황병주 : 아니요) 기자들은 아무도 없었나요? 통제된 건가요?

황병주   기자는 통제가. 기자가 있었으면 그렇게 왜곡, (면담자 : 보도가 되진 않았겠죠) 어떤 저건 아니었겠죠, 없었겠죠. 기자가 일체, 멀리서도 못 찍게 했어요. 저 멀리서나 그림이나 찍고, 이런 [상세한] 건 뭐 전혀 못 하게 한 거죠. 물론 이제 기자가 가끔 오고 가면은 작업에 방해될 수 있고 하니까 그런 것도 있겠지만은, 뭐 그때 당시에는 철저하게 언론을 통제를 했으니까, 철저하게. 그리고 우리 또 이것도 다 썼잖아요, 무슨… (면담자 : 보안각서 같은) 보안각서, 이런 거. 뭐 발설할 게 뭐가 있다고, (헛웃음을 웃으며) "발설하지 않는다" 각서도 쓰고.

면담자   거기에 올 때 동원령이라든지 그런 계약은 안 써도 보안각서는 쓰게 했군요?

황병주   아니요, 그것도 나중에 썼어요, 나중에.

면담자   아, 보안각서도 나중에.

황병주   나중에, 종사명령서랑 같이. 종사명령서도 나중에 했고.

면담자   그러니까 23일까지는 서류를 쓰시거나 하신 게 아무것도 없는 거네요?

황병주   아무것도, 아무것도. 해경이나 누가 거기 총저거인지도 몰랐어요. 총책임자 있을 거 아니에요? 누가 총책임자인 줄도 몰랐고.

면담자   아무런 서류도 쓰신 것도 없었고요?

황병주   아무런 서류도 안 쓰고, 우리끼리 이름만 적고, "'몇 시부터 몇 시, 누구" 이것만 썼어요, 우리끼리.

면담자   그 3009함에도 가셨는데도 거기서도 아무런 것도 없었나요?

황병주   아무, 그것도 없었어요, 아무런. 그러니까… 내가 아까 그래서 이야기한 게 그거잖아요, 아비규환. 이건 진짜 뭐, 진짜… [잠수사가] 여섯 명, 일곱 명밖에 없으니까 어떻게 돼요? 물 시간, 물때 되면은, [만약에] 점심시간 물때 걸린다 그러면 [밥] 안 먹고 일해야 되잖아요. 그때는 이제 도시락을 어디서 갖고 오더라구요, 스티로폼에 싸져 있는 밥. [근데 잠수] 갔다 나오면 밥이 하나도 없어요. 밥이 없어요, 다 누가 먹었는지. 밥이 없으면….

면담자   일도 안 하는 분들이 이제 다 먹는 거군요.

황병주   그랬겠죠. 거기 있는데, 뭐.

면담자   너무 기가 막히네요, 진짜.

황병주   밥이 없어서, 어… 밥이 없으니까, 이제 나중에는 밥 없으니까 배에서 배 선원들이, 자기네들이 "밥 같이 먹자"고 그러더라구요. 선원들 몇 명 있잖아요, 그 선원들이. 항상 [배] 관리하는 선원이 네 명 정도는 있어요, 배 선원들이. 거기서 밥, 나중에는 거기서 아예 이제 한 며칠 동안 밥을 거기서 자기네들이 같이 주더라구요. 그래서 같이 먹었어요. (면담자 : 바지 위에서요?) 네. 바지 위에서 밥해준 걸 이제 먹었죠, 그 사람들이. 그걸 얻어먹었죠. 밥이 오면 밥이 없는데 뭐, 참.

면담자   그 위에서 누가 잠수를 하고 누가 시신 수색 작업을 하는지, 누가 봐도 빤한 소수의 사람들이 하고 있는데, 그 사람들을 위한 어떠한 조치나 무슨 배려도 없고 심지어 도시락 같은 것도 안 남기고. 그런 거에 대한 어떤 지휘나 통솔 이런 게 전혀 존재하지 않았던 거네요. (황병주 : 전혀) 전혀 없었던 거네요.

황병주   전혀 없었죠. 그러니까 그것도 뭐, 그때까지만 해도 일 시간 되면은 일[을] 누가 '하라, 어째라' 이런 것도 없었고 자발적으로 한 거예요. 자발적으로 한 거고, 그냥 물 시간 되면 한 거고. 그니까 잠을, 예를 들어서, 푹 자지도 못하고, 조금 있으면 어차피 [잠수] 준비 하는 시간. [잠수] 끝나는 시간 하면 [그] 텀이 하여튼 2~3시간 [정도] 쉬는 시간 있는데 그 시간에 바로 잠듭니까, 사람이? 뭐 어쩌고저쩌고하면 또. 처음에 일주일 정도는 이렇게 붕 떠갖고 잠도 잘 안 오고, 뭐 이렇게 막 밥맛도 없고, 그냥 내가 이렇게 붕 떠 있는 느낌, 그런 느낌이더라구요. (면담자 : 힘드시죠?) 네. 한 일주일… 한 일주일? 한 5일, 6일 이 정도 지나니까 좀 괜찮아지더라구요, 그게. 처음에 는 피곤함은….

면담자   그럼 바지에서 잠은 어떻게 주무셨어요?

황병주   잠은, 잠은 거기에서도 처음에, 이렇게 식당 칸이 한 (두 손으로 가늠하며) 요만큼이나 돼요. 요만큼은 하겠다.

면담자   아, 언딘 바지는 얼마나 큰가요?

황병주   언딘 바지는 이제 컸고.

면담자   아, 언딘 바지는 컸고, 그 전에 금호 바지는….

황병주   금호 바지는 한 식당이 요만큼이나 할 거예요. 그러니 까 그때 4월 달이니까, 밤 되면 엄청 추워요. 그러면 여기 의자에 다 이렇게 앉아 있는 거예요. 그리고 선원들 자는 방이 배다 보니까 방도 작아요. 한 요만해, 요만큼 할 거예요. 선원들 네 명 자는데, 거기서 일부는 거기서 같이 끼여서 자고. 잠은 어떻게, 네 명 [선원] 지네들, 자기네들 자기도 좁은데, 전부 다 이렇게 하고 (웅크린 자세를 취하며), 좁으니까.

면담자　그러면 잠수복은 어떻게 하시고요?

황병주　갈아입고요.

면담자　갈아입고, 그것도 2, 3시간 만에.

황병주　씻지도 못하고, 씻을 데는 없고

면담자　그렇죠, 씻을 데는 없고.

황병주　네, 씻을 데는 없고. 그냥 그러고 있다가, 안 그러면 책상에서, 여기 테이블에서, 식당 테이블에서 앉아서 이러고 있는 거예요. 유호근 씨랑은 다 계속 그러고 있었어요, 며칠 동안. 잠 한숨도 안 잤지, 그 친구들은, 거의. 그나마 우리는 이제 조금이라도 자면 꾸벅꾸벅 자는데 자기네들은 미안하니까 또 잠도 안 자는 거예요, 잠 잘 데도 없고. 또 엄청 추워요. 추운데 해경 애들은, 화장실이 또 그 안에 있었어요. [해경은] "화장실 간다"고 맨 계속 들락날락하는 거예요, 들락날락을. 문 열면 (면담자 : 찬바람 들어오고) 찬바람 들어오고 추운데, 해경은 [화장실이 거기] 있으니까 밤에 계속 들락날락 들락날락, 거의 다 못 자는 거죠. 자기네들은 8시간 근무하고 교대하고 가면 가서 쉬지만은, 우리는 계속 거기서 생활을 하잖아요. 자기네들은 정확하게 딱 8시간씩 해요. 8시간 딱 되면 왔다가 8시간 딱 되면 딱 가고, 다음 조가 오고, 3교대로, 걔네들은. 물론 그 사람들도 고생했겠지만 고생의 강도는 우리하고 그런 그쪽 걔네들하고는 많이 틀리죠[다르죠].

14
초기 구조 시스템의 정착 과정

면담자 　　그렇죠, 비교할 수가 없죠. (잠시 침묵) 그러면 공우영 잠수사가 오신 다음부터는 조금 체계가 잡힌 건가요? 어떻게 된 건 가요?

황병주 　　그렇죠, 이제 우영이 형이 오면서부터.

면담자 　　그리고 또 여섯 분 정도 더 오셨다고 그랬죠? 23일 언 딘 바지, 저녁에.

〈비공개〉

황병주 　　공우영 잠수사는 원래 21일 날 오후에 왔구요, 왔고. 23일 날에서는 이제 우영이 형이, 공우영 잠수사가 해경한테 제안을 했죠. 어… 우리가 이제 계속 그 전에까지는 우리끼리만 들어가니까 사람이 적잖아요. 적으니까 해경한테 "니네가 우리 보조를 좀 해줘라" [그랬어 요]. 그걸 안 했어야 되는데, 그건 잘못한 거예요. "그 보조를 해주고, 후카[hookah]를 잠수할 수 있는 애들 몇 명이나 되냐?" 이렇게 하니까 한 10명 정도 됐던 거 같아요, 그때 열 명이나 열몇 명 됐던 것 같아 요, 후카 되는. "그러면 니네가 우리 보조를 하고. 우리가 들어갈게, 배 안에는" 이렇게 해서, 물론 걔네들 되려 짐만 많이 됐죠, 처음에 짐 만 많이 됐어요. 데리고 들어가서 호수 걸리면 걔네들… 아무튼 걔네들까지 챙겨야 됐었으니까, 한동안 처음에는, 나중에는 어느 정도 했지만은. 그래서 인제 해경도 같이 다이빙을 하게 된 거예요. 그 전에까지만 해도… 시신 수습하러는 가지도 못했고 뭣만 했느냐, 우리가 밑에서… 이제 뭐 필요하면은, 뭐 "시신 데리고 올라가라" 하면은 와서 데리고 올라가는 거, 이 정도만 한 거예요. 그러니까 우리가 배에서 들어가서 이제 애들 데리고 나오면, 나오면은 이제 폰으로 "내려와라" 그러면 내려와서 인계해 주면 가서 데리고 올라가고, 이것만 했던 거예요.

면담자   그리고 또 다시 잠수사님들이 들어가시고.

황병주   네, 우리는 다시 또 들어가고. 그거 했었는데 이제 그거 안 하고 "니네가 우리 보조 잠수사를 해라. 배 안에 들어오지 말고, 배 밖에서 호수만 땡겨주고" 이것도 제대로 처음에 못 한 거예요, 못 하지 당연히. 그래서 뭐 호수에 걸리고 어쩌고 그 뭐… 하여튼 그거 하는 개네들까지 책임을 져줘야 되니까, 처음에는 그것 때문에 좀 신경 쓰이더라구요, 내가. 그것도 나중에 하다 보니까 이제 하더라구요. 그래서 이제 그때부터는 체계가 잡히게 됐고, 고 때부터 해군도 인제 자기네들 엄빌리컬 [케이블] 가지고 와서 호수로 다이빙하게 됐고. 그때부터서는 이제 정상으로, 우리도 인제 잠도 자게, 편하게 잘 수 있었고, 또 샤워도 할 수 있었고.

면담자   잠도 자고 샤워도 할 수 있었던 거는 그 언딘 바지 위에서요?

황병주   언딘 바지에서. (면담자 : 언딘 바지 안에서) 네. 언딘 바지가 이제 와서 샤워를 할 수 있었고. 그래서 아까도 말씀드렸지만 언 딘 바지가, 언딘이 [와서] 우리들한테는 그나마 일할 수 있는 환경을 [만들어줘서] 굉장히 많이 좋아진 거예요. 물론 그 전에 "왜 그럼 그 보 령호나 미령호도 있었는데 그걸 안 했느냐? 그런 말도 우리가 할 수 있죠, 확인도 해야 되고. 나도 그거는 잘못했다고 봐요, 해경에서

면담자   왜 안 한 건가요?

황병주   '해경에서 그러면 처음에 보령호를 하지, 왜 안 했을 까?' 나도 그렇게 생각은 해요. 그런데 뭐 그거는 안 왔으니까, 언딘이 와서 우리는 많이 좋아졌죠, 복지가(웃음).

면담자   네. 그러면 지금 말씀하신 걸 보면 해경이 처음에는 시 신을 건져서 위로 올리고 이런 것만 하다가, 나중에는 잠수사님들 보 조 역할을 하다가, 그다음에는 해경이 독자적으로 그 안에까지 들어 갔나요? 그건 아닌가요?

황병주   전혀 아니에요, 전혀.

면담자   보조까지만 한 거군요.

황병주   보조까지만, 걔네들은 못 해요.

면담자   그러면 조금 전에 잠수사님께서 '공 잠수사님이 해경에 게 그런 제안을 하지 말아야 됐다. 그건 잘못됐다' 생각했다고 하셨잖 아요. 그건 왜 그렇게 생각하시는 건가요?

황병주   그거 가지고, 자기네들을, 어떻게 됐던 간에 일을 할 수 있게 해줬잖아요, 어찌 됐든 간에. 안 그랬으면 더 국민들한테 비난을

받았을 거 아니에요, 아무것도 안 했으니까. 근데 어떻게 됐든 간에 잠수를 했었고, 같이라도, 둘이라도 들어가게 됐고, 뭐 그렇게 했는데. 어… 결론은, 결론은 어떻게 됐어요? 뒤통수 쳤잖아요? 공우영 잠수사 기소를 했고, 우리 쫓아냈고. 자기네들이… 맨날 [말은] 다 그래요, "자기 고생한 거 안다". 고생한 거 알면 이렇게 하면 안 되죠, 지금 보상 단계에서도 그렇고. 이춘재 국장, [우리한테] 맨날 그래요, "고생한 거, 아, 우리 같이 고생했네" [우리] 손잡고 "같이 고생했네" [그랬어요]. 완전히 이중인격자 같아요.

앞에서는 하는 거하고 뒤에서는 하는, [뒤에서는] 기소하고. 그 기소한 [결재] 사인도, 어… 그때 당시의 사인도 이춘재 국장이 했더라구요, 나중에 보니까. 그 사람이 맨 마지막에 사인을 해야지 되는 거래요. 근데 5월 달에 이미 그거를 정해놓고, 요즘 이야기하는 그 로드맵을 다 해놓고, 기소하게, '기소를 해야 되겠다' 이렇게 해놓고 계속 일을 시킨 거잖아요, 계속 같이 회의를 하고. 5월 달 이후에는 계속한 3일에 한 번씩은 같이 회의를 했을 거예요. 물론 공우영 잠수사, 나, 해경 간부들, 88[수중]의 두 사람 이렇게 몇 명이서, 이틀에 한 번, 한 이틀, 3일에 한 번 계속 회의를 했어요, 그날, 그날. 그러면 그건 진짜로 잘못된 거잖아요. 지네들 다 그거 [기소 결정을 다] 해놓고서 [우리한테] 계속 이 일[을] 시키고 있다가, 어느 순간에 인제 도저히 안 될 거 같으니까 이제 내친 거예요.

면담자   그거를 진짜 미리 계획을 하고 있었다는 걸, 정말 상상할 수가 없네요.

황병주   네, 그거를 인제 우리도 몰랐죠. 나중에 이번에 거기…

오현주 작가랑 장훈 씨랑 재판 기록하고 이런 걸 보니까, 나중에 보니까 그랬더라구요, 그렇게 미리 해놨다고. 진짜 나쁜 사람들 아닌가요? 그게… 진짜로 물에 빠진 사람 구해주니까 보따리 내놔라고, 딱 그거예요. (침묵)

15
철수 과정: 88수중으로

면담자　　그 88수중은…, 어떻게 해서….

황병주　　어떻게 해서였냐면요.

면담자　　그러니까 바지를 같이 하게 되는 거죠? 언딘이 뺐고?

황병주　　아니요. 선수 쪽은 우리가, 그러니까 선수가 이렇게 있으면은(탁자 위의 물체를 예시로 들며), 배가 이렇게 있으면은, 선수[가] 있고 배[가] 이렇게 있다고 보고 [여기가] 선미, 우리 배는 여기에 세팅, 88은 여기에 세팅, 이렇게 세팅되어 있어요.

면담자　　그러니까 어떻게 들어오게 된 건가요, 88수중은?

황병주　　이게 어떻게 들어왔냐면은요, 선미에 SP1이라고 있어요. 그 다인실, 큰 저거가 있었어요. 큰 저거가 있었는데, SP1은 어… 수색을 해야 되는데, "수색을 할려면 물건을 다 들어내야 된다"[는 거예요]. 방, 큰 방이 있는데 저 밑에가 있을지 모르니, 애들이, 밑에를 수색을 해야 될려면은 여기 있는 집기들이 많이 있잖아요, 이불류 등 많아요. 이런 게 이제 다 차 있으니까 "이걸 다 끄집어내야 된다. 이거를 끄집어낼라면 유리창 문으로는 안 된다. 이걸 이만큼 절단을 해내야 된다" 그래서 절단을 하기로 한 거예요. 절단하기 전에 무슨 뭐 발파를 하느니 어쩌니, 폭탄으로 어쩌느니 그런 말도 있었고, 발파 실험도 했어요, 그것도 해군 부대에 가서. 그래서 우리 전광근이가 거기도 참석을 했어요, 발파하는 데. 그런데 "발파는 아니다, 안 된다. 절단해내야 된다"가 된 거죠.

면담자   발파 안 하게 한 거는 혹시 다칠까 봐 그랬나요, 시신이?

황병주   아니에요, 발파 갖고는 안 되는 거예요.

면담자   아, 발파해서는 안 뚫어지는 건가요?

황병주   안 되는 방법이에요, 그게. 뚫어지기는 하는데, 그건 전혀 안 되는 거예요. 일단은 뭐 실험을 한다고 하니까 갔는데 "말도 안 된다" 이렇게 해갖고 하여튼 그거는 취소도 됐고 "절단한다"고 그래서 "그럼 얼마 정도 걸리겠느냐?" 이렇게 한 거예요. 그러니까 공우영 잠수사가 "이거를 절단해서 물건을 다 끄집어낼려면, 완전히 수색을 하면 최소한 3개월 정도는 걸려야 될 거다" 그렇게 이야기를 한 거예요.

면담자   그러니까 절단을 하고 다 끄집어낼려면?

황병주   네. "다 끄집어낼려면 3개월은 걸릴 거 같다, 치울려면은" 그니까 다른 데를 알아본 거예요, TF[태스크포스]에서, 범대본[범정부사고대책본부]에서. 그리고 그때 당시에 범대본에는, 하여튼 누구든 사람들이, 여러 사람이, 뭐… 별 요구가 다 있었어요. 막 그때 당시에 전자 코를 써라, 뭐 어쩌라, 하다못해 뭘 해라….

면담자   정말 다이빙 벨 이야기도 있었고요, 그렇죠.

황병주   다이빙 벨도 그렇고. 하여튼 뭐 별, 다 있는 거예요, 별의별게. 남경필이라는 사람은 와서 무슨, 만들어갖고 왔어요, 그걸 실제로 철제 박스를. 그것보고 우리는 개장이라고 하는데, "그거를 갖고 내려갖고 시신을 다 모아서 한꺼번에 들어 올려라"[는데] 말도 안 되는 거예요. 근데 그거를 만들어가지고 왔어요. 만들어가지고 저기 하여튼 계속 있었어요. 그거 뭐 3000만 원 줬다고 하더라고요. 하여튼 뭐 여러 가지 많이 있는데, 이제 어떻게 여기에 88, 이 업체라는 데가 왔는 거 같아요. 왔는데, 우영이 형이 "이거는 3개월 정도는 걸려야 된다" 그랬는데, 88에서 "우리는 일주일이면 한다" 이렇게 된 거예요. "일주일이면 한다" 그래요. 모르겠어요, 그걸 누가 코치를 했는지 어쨌는지, 그건 잘 모르겠어요. 그러니까 뭐 어떻게 됐던 간에 일주일 만에 한다니 그쪽에 한 거예요. 안 그랬으면 우리가 이제, 원래는 우리가 이쪽으로 갈려고 했죠, 옮길려고 했죠, 선미로 갈라고. 우리는 선수는 거의 다 어느 정도 했을 때예요, 그때가. 그때가 아마 6월 달 정도 된 거 같아요.

면담자   언딘 바지에서 선미 쪽 부분으로 옮겨서 선미 쪽 수색을 하려고도 하셨었군요?

황병주   그렇죠. 이쪽으로 옮겨서 이제 할려고 했죠, SP1을 할라고. 그리고 우리도 팀은… 두 분할을 할려고 생각을 했으니까, 분할을 할라고.

면담자   아, 선수 쪽과 선미 쪽으로?

황병주   네. 여기는 좀 남았으니까, 아직. (면담자 : 네) 그렇게 했
는데, "그렇게 한다"고 그러니까 어느 날 그 88이 들어왔더라구요. 들
어와서 3일 만엔가? 일단 사고가 났잖아요. 한 명이 사망 사고가 났죠.

면담자   그렇죠. 그 잠수사 사망 사고 말씀하시는 건가요? (황병
주 : 네) 이광욱 씨인가요?

황병주   그 말고, 이광욱 씨 말고. 이광욱 씨는 5월 6일 날이
고… 이민석 씨라고 절단하다가 폭발 사고가 (면담자 : 아, 맞아요) 나
서 휘말려서 그래서 사망 사고가 났고. 하여튼 뭐 그래서 끝날 때까
지, 11월 달인가? 12월 달 끝날 때까지도 결국은 다 못 했잖아요. 말
이 안 되는 거거든요.

면담자   그러면 그거를 하겠다고 한 사람은 그 88수중에 어떤
사람인가요? (황병주 : 대표) 88수중 대표?

황병주   아… 그 친구도 SSU 출신이에요. 근데 이제 한참 새카
만 후배죠. 잠수 부대를 나왔지만 실질적으로 현업은 거의 안 해본 사
람이죠. 자기 아버지가 원래 그 수중회사를 했는데, 했는데 그걸 이제
물려받은 거죠.

면담자   그러면 김상우 잠수사님이나 이런 분들이랑은 아시겠
네요?

황병주   알죠, 알죠. 김상우 후배죠.

면담자   그런데 그거를 왜, 그러니까 그거를 할 수가 없는 건데

할 수 있다고 한 건가요?

황병주   뭐 자기네들은 "한다"고 했으니까, 그러니까 뭐 [범대본에서] 그쪽으로 시켰나 본데 결국은 뭐 결과가, 결과가 안 좋았던 거죠, 결과적으로. 그래서 나중에는 유가족들도 조금 욕하고 조금 그랬다고 하는데, 모르겠어요. (한숨을 쉬며) 어떻게 됐던 간에.

면담자   그러면 88수중 쪽에서도 어쨌든 잠수사분들이 왔었을 거잖아요. 그분들하고 이쪽 언딘 바지 쪽에서 하시는 분들이 서로 알기도 하고 그러셨나요?

황병주   아는 애들도 있어요. (면담자 : 그렇죠?) 아는 애들도 있는데, 어… 아는 애들보다 모르는 사람이 더 많아요.

면담자   거기서도 그러면 어쨌든 88수중에서도 연락을 통해서 모은 분들인 거죠?

황병주   그렇죠, 모은 거고. 그때 당시에 거기에 백성기라고, 그쪽 감독관이 있었는데, 백성기라는 사람이 모아 온, 모은 거고. 88에서도 모으고 백성기란 사람도 모았는데, 어… 그쪽 사람들은, 그 아마 6월 달 넘었을 거예요, 그때가. 〈비공개〉
    일단 세월이 가다 보니까 해경에서 "돈을 줘야 되지 않느냐? 얼마를 줄까?" 이렇게 이야기가 나왔었어요. "우리가 얼마를 주라고 어떻게 이야기를 하냐? 우리는 어떻게, 얼마 주라고 못 하겠다" [그러니까] "그러면 니네들끼리" 그랬어요, 해경에서, "니네가 회의를 해갖고 와라. 우리는 못 하겠다. 답을 못 내겠다" 그래서 우리끼리 이야기한 게 "얼마나 받으면 좋겠냐?" 그러면 사실, 솔직히 "그래서 얼마 받을까?

어떻게 할까?" 우리 애들은 "너무 많이 받으면 안 되는 거 아니냐" 막 이런 말도 하고, 그런 말도 했는데, 그거를 언딘에서 중재를 해갖고 그만큼 받게 된 거예요. 그것도 언딘에서 "국제수난보호법이 하루에 1300불이다. 그것도 하루에 잠수 한 번 했을 때. 그러면 최하 100만 원 정도는 줘야 되지 않느냐. 그거는 다 못 받더라도" 그래서 해경에서 "그러면 100만 원은 세 자리 숫자니까, 우리나라 국민 정서상 안 좋다. 98만 원으로 해라" [그래서] "그래? 그러면 감사하지" 그러고 이제 했던 거예요. 〈비공개〉

사실 처음에는, 처음에는 다이버가 모집이 안 됐어요. 우리가 23일 날, 이때 몇 명 들어오고 그 뒤로도 다이버들 계속 증원시키라고 그랬잖아요, "증원하라"고. 전국에 우리 다이버들한테 다 전화했어요. 나도 다섯 명한테는 전화했고. 한 명도 안 와, 그때는. 왜? 돈 준다는 말도 없고 (면담자 : 방송에서 욕만 먹고) 욕만 먹고 이렇게 하니까, 아무도 안 오는 거예요, 위험하고. 그런데 [88수중] 그쪽에서는 인원이 막 모아지는 거예요, 그게 이제 우리가 돈 받았다는 걸 알게 되니까. 그리고 실질적으로 잠수를, 그러니까 몇 명은 있어요, 우리가 아는 애고, 산업잠수 하는 애들이. 그런데 거의 대부분이 산업잠수를 안 하는 사람들이 많아요. 강사 출신들, 그냥 이제 뭐 거의 그런 사람들이 엄청 많았어요.

면담자   그러면 그분들은 실제로는 잠수를 하실 수 없잖아요?

황병주   아니, 그때는 뭐 이제 여름이었으니까, 그때 당시….

면담자   뚫리기만 하면은 이제 가서 잠수를 할 수는 있는 건가요?

황병주   그때 당시에는 이제 시야도 좀 나오고, 우리 처음 시작할 때는 4월 달에는 시야가 하나도 안 나왔고, 그쪽에 이제….

면담자   아, 여름이면 시야가 좀 더 나오나요?

황병주   여름에, 이제 5월 달 지나면 그때부터는 이제 시야가 잘 보이기 시작해요. 초봄 때 되면은 여기서 저기까지도 보여요. (면담자 : 네) 그러니까 뭐, 뭐… 그때부터는 일하기도 편하고 여러 가지로, 이제 여러 가지 조건이 좋아진 거죠, 물도 따뜻해지고, 시야도 보이게 되고. 〈비공개〉

16
공우영 잠수사, 해경과의 소송

면담자   제가 지금까지 잠수사님 이야기를 쭉 듣다 보니까 그냥 제가 느껴지는 게, 공 잠수사님이 초반부터 아끼는 후배들을 모집도 하시고 심시어는 그 언딘 리베로 바지 제작하는 고성까지 가서 그 준비를 하시고, 거의 전체를 준비부터 지휘까지 총괄했음에도 불구하고 해경이 공 잠수사님을 별로 좋아하지 않는 것 같다는 느낌이 들어요. 그러니까 사실 해경이 배려를 한다면 이 팀을 먼저 배려를 하는 게 맞는데, 아까 말씀하신 것처럼 지푸라기도 붙잡는 이런 사람들을 구해 줬더니 나중에 보따리를 뺏는 경우처럼 고생은 공 잠수사님 팀이 다 했는데, 오히려 계약은 88수중하고 그렇게 하고.

황병주   그거는 어떤 점이 있냐면은요. 음… [우영이 형은] 해경 말을 잘 안 들어요. 근데 해경 말을 잘 안 들은, 우영이 형은 잘 안 들은 거고, 88은 말 잘 들었던 거고. [해경이 뭘 시키면 88은] "예예" 하고 저희들은, 우리들은 안 되는 거는, 그러니까 터무니없는 걸 시키면 "안 된다"고 자꾸 그랬거든요. (면담자 : 네) "안 된다, 이 거는" 그러면 또 "하라" 그러면 "안 된다, 이거. 왜 필요 없는 걸 하느냐?" 그 시간에 예를 들어서 한 방을 하나라도 더 수색을 해야지 필요 없는 것들을 자꾸, 필요 없는 것들을 시키니까 [우리가] 자꾸 태클을 거니까.

면담자   지금까지 들어보면 초기부터 함께하셨던 공우영, 전광 근 잠수사님까지 합치면 아홉 명이 되는 잠수사분들이 모든 조건이 가장 안 좋을 때, 가장 고생을 하셨는데요. 그런데 결국 지금 돌아보면 언딘에 고용된 잠수사라고 언론에서도 비난을 많이 했고 국민들도 그렇게만 알고 있고, 해경에서도 완전히 배신했다고 말하긴 그렇지만 잠수사님들을 이용했고, 또 공우영 잠수사님을 기소해서 재판에 서게 했던 그런 과정들이 발생했잖아요. 그러니까 왜 그렇게 됐을까, 해경과 잠수사님들 간에 어떤 관계가 있었을까가 궁금해요. 말 그대로 88수중은 쉽게 오고, 쉽게 갔잖아요?

황병주   그… 그 과정에는 첫 번째 이유가 공우영 잠수사를 기소를 하기 위해서였던, 그러니까 아까도 말씀드렸듯이 5월 달에 이미 공우영 잠수사를 기소를 하기 위한 조서를 다 해놨다는 거. 다 결재를 해놓고….

면담자   그 부분을 조금 더 자세히 이야기해 주세요. 어떻게 그 걸 알게 되셨나요?

황병주   그거, 그거는 오현주 작가를 통해서 알았어요. 근데 더 자세한 건 오현주 작가한테 물어보는 거가 더 자세할 거 같고, 나는 알기로는 오현주 작가가 재판 기록하고 이런저런 걸 봤을 때 5월 달에, 5월 6일 날 [이광욱 잠수사] 사고가 났거든요. 그래서 5월 6일 날, 5월 7일 날 와서 한번 1차로, 이제 공우영 잠수사한테 다시 또 물어보시겠지만, 참고인 조사를 받았고, 갔어요. 참고인 조사를 받고 공우영 잠수사가 며칠 있다 다시 또 갔어요. 목포 해경에서 수사관이, 그 수사관이 내가 아는 수사관이에요. 내가 고 전해에, 몇 년 전에 다른 현장에서 무슨 사고가 있어 가지고 거기를 왔던 사람이에요. 그래서 알아요, 얼굴도 알고 둘이 이야기를 한참 해갖고 알아요. "어, 왜 또 오셨어요?" 내가 그랬거든요. 그랬더니 "일이 좀 있어서 왔다"고 [그래요]. 심지어 그날은 거기서 자고, 배, 우리 바지에서 자고 조서를 아마 받은 거 같더라구요. 그랬더니 그때는 이제 "피의자로 조사를 받았다"는 거예요. 공우영, 우영이 형은 피의자든 뭐든 뭐 아무렇지도 않죠. 그냥 자기는 아무 상관없이 계속 조사를 받아준 거예요.

면담자   본인이 잘못했다고 생각 안 하셨을 테니까요.

황병주   그렇죠. 그리고 이제 피의자라고 받았대요. 그러니 그런 것도 또 몰랐죠, 이제. 그랬다가 그 아마, 그 아마 그… 피의자라 하면 공소를 해야 되잖아요? 그 기간이 다가온 거죠, 이제. 우리가 나오고 난 다음에 공소장이 왔어요, 과실치사로. 나오고 난 다음에, 한참 나오고 난 다음에 얼마 있다 온 거 같아요. 그거를, 첫 번째 이유는 공우영 잠수사를 기소를 한 게 있다고 보고, 그 전에 우영이 형한테 들어서 알죠, 그 전에. 어… 공우영 잠수사, 우영이 형이 소속이 그 유성수중이라는 데예요. 유성수중 이사로 등재가 돼 있어요. 유성수중 사장님이 있어요, 이대권 씨라고. 이대권 씨한테, 이대권 그 형한테 전화가 왔더래요. 왔는데, 우영이 형을 "빼야 하겠다. 공우영 씨를 빼야 되겠다".

면담자   어디에서 빼요?

황병주   여기에서.

면담자   여기, 이 세월호 잠수사에서요?

황병주   네, 네. "빼야 되겠다. 니가 좀 대신 해줘라, 관리를". 이제 우리 잠수사 관리를.

면담자   잠수사님한테요?

황병주   아니, 아니요. 이대권 씨한테.

면담자   아, 이대권 씨한테.

황병주   그렇게 왔대요, 연락이.

면담자   누구한테서요?

황병주   그게 언딘에서 왔다고 그때 했나 해경에서 왔다 그때 했나, 뭐 그런 거 같아요, "해경에서 그렇게 할라고 그런다"고. 그러니까 우영이 형이, 이제 우영이 형 이야기예요, 이건. "뭐 그러면 알아서 해라. 그런데 잠수사들이 말을 들어줄래나 모르겠다" 이제 이렇게 얘기한 거예요. 사실 그 상황에 우영이 형을 빼면 "우리 다 나간다" 아마 했을 거예요. 그렇게, 그런 상황이 됐으면 아마 그때는 우리가 다 "안 한다"고 그러고 "우리 다 나갈란다" 이렇게 했을 거예요.

면담자   그때가 언제쯤인가요? 몇 월인가요?

황병주   그게 아마 6월 달쯤 됐겠죠.

면담자   그러면 그 이대권 사장이란 분도 잠수산가요?

황병주   네, 잠수사예요.

면담자   그분은 근데 후배들을 이끌고 이럴 수 있는 분은 아닌
가요?

황병주   아니, 아니요. 할 수 있어요. 할 수 있지만 우영이 형하
고 [같은 회사에] 있으니까, 우영이 형이 이제 해서 "그렇게 한다"고,
"그렇게 할라고 한다"고 전화가 왔더라는 거예요, 우영이 형한테. 그
래서 [우영이 형이] "그건 그렇게 한다면 할 수 없지만은 아마 애들이
따라줄라나 모르겠다, 애들이 말 안들을 텐데" 그러고는 "알았다" 그
러고 끊었대요, 그거는 이제. 그러니까 그게, [해경이] 그런 작업을 계
속하고 있었던 거 같아요. 우영이 형, 공우영 씨를 [내]보내야 하는데
어떻게 보낼까[를 궁리하고 있었던 거죠].

면담자   약간 눈엣가시였던 거네요.

황병주   그렇죠. 그래 가지고 그게 [우영이 형을] 기소를 해야 되
니까, 안 그러면 기소를 해야 할 사람을 계속 데리고, 이제 더 이상은
못 데리고 있는 거죠, 그동안 데리고 있었지만은.

면담자   그런데 그 이대권 사장님도 어쨌든 공우영 잠수사님께

"빠져라" 이런 이야기를 하시진 않았던 거고, 그냥 "그런 연락이 왔었다"라고만 하고 (황병주 : 그렇죠, 왔었다고만) 공우영 잠수사님께 "나가라" 하시지는 않은 거네요.

황병주   그렇죠.

17
잠수사에 관한 오해들

황병주   그런 게 하나 있었을 것 같고. 또… 이제 저희가, 우리가 느끼기에는, 중간에 우리가 몇 번 그… 나간다고 한 적이 한 두 번 정도 있어요. "더 이상 우린 못 한다, 나간다" [하고].

면담자   그게 언제였었나요?

황병주   그게 아마… 5월 말 정도에 한 번 있었던 거 같고 6월달에 한 번 있었던 거 같아요. 5월 말 정도에는… [유]가족들이 인제 한번, 〈비공개〉 우리하고 언성이 좀 높아졌어요. 〈비공개〉 뭐 하여튼 안 좋은 이야기를 해가지고. "그래, 그러면 우리 다 나갈 거다. 오늘 다 나갈 거니까" 하여튼 뭐… 김상우하고 좀 약간 싸웠어요. 〈비공개〉 이제 좀 안 좋은 저게 있어 가지고 "야, 가자. 우리 여기서 더 이상 못 하겠다. 욕 얻어먹으며, 이렇게까지 욕 얻어먹으면서 계속할 일이 뭐가 있냐? 이제 우리 할 만큼 했고 가자" 그래서 제가 우리 애들한테 "다 보따리 싸" 그러니까 이제 뭐 해경에서도 잡고 뭐 난리가 났죠. 그 다음 날에 가족들이, 다른 가족들이 다 왔더라구요. 와가지고 "미안하다"고. 뭐 (허를 차며) 사실 그럴 저건 아니었는데… 그래 가지고 이 제… 또 있었죠. 그러고 있다가 또 며칠 있다가, 또 얼마 있다가 또 이 상한 소리를 들은 거예요. 우리가 무슨 "시신을 숨겨놓고 있다" 이런 말을 또 들은 거예요, 인제. 그걸 가족들 입에서 그랬다는 거예요. 그 걸 인제 가족들 누군가가 또 전화가 왔어요, 저한테. 그러니까 가족에 있는 나하고 잘 아는 후밴데, 옛날에 같은 어디 현장에서 일을 했어 요. 직원이었고 나는 잠수사였는데, 팀장으로. "팀장님, 이런 말이 들 립니다. 이런 말이 들립니다" 그래요.

면담자   그분이 유가족이기도 한 거예요?

황병주   네, 그분이 유가족이에요.

면담자   아, 그럼 그분은 잠수사였던 거예요?

황병주   잠수사는 아니죠, 아니고, 수중회사에 있었던 거죠.

면담자   아, 수중회사에 있었던 일반 직원.

황병주   네, 일반 직원인데 이제 잘 알죠, 잠수 특성도 잘 알고 잘 아는데, "팀장님, 다른 가족, 어떤 가족들은 심지어 이런 말이 들립 니다" 그거는 인제 일반인 유가족이에요, 학생이 아니고. 그런데 그 말을 아침에 전화로 다 듣고 있는데, 제가 그때는 이제 B팀 팀장을 했 었거든요, B팀 팀장을 했는데. 이제 후배가, 그때는 [배가] 붕괴되고 막 그럴 때예요, 들어가더니 "아이, 지금 위험합니다. 곧 붕괴될 거 같 습니다. 위험합니다" 이런 말을 딱 들으니까 내가 막 미쳐버리겠는 거 예요. 이제 통제가 안 되는 거예요, 우리는 이렇게 목숨을 걸고 하는데 이런 말을 밖에서 들으니까. 그래서 내가 "우영이 형, 우영이 형" 불러서 "형, 그만합시다 우리" 그래서 "왜 그러냐?"고 그러더라고. "아이, 밖에서 이런 말이 들립디다. 이런 말을 듣고, 더 이상은 이제 그만합시다, 우리" 그리고 이제 짐, (헛웃음을 웃으며) 짐 또 한 번 또 쌌다가. 그렇게 있다가 "아, 그게 아니다. 뭐 일부인데, 지금 미수습자" 그때는 이제 거의 다 수습이 될 때고 [그래서] "미수습자들이 너무 예민해서 뭐 자기네들끼리 그냥 한 말인데" 어쩌고 이제 뭐 [그러는 거예요]. 근데 "자기네들끼리라고 그래도 그건 아니지 않느냐?"고, 우리가 어떻게… (헛웃음을 웃으며) [시신을] 숨겨놓고 그런 말이 많았잖아요, 숨겨놓고 무슨.

면담자   그렇죠. 왜 한꺼번에 이날 갑자기….

황병주   많이 나온 날은.

면담자   많이 나왔냐.

황병주   누가 왔다 가면은 또 말이 많아요. 지금도 그런 사람 있어요. 지금, 요즘에는 이제 어떤 유가족들하고 좀 친한 사람도 있고 해요. 어… 진짜로 물어보는 사람 있어요, 진짜로. (한숨을 쉬며) "어떻게 인간으로, 인간이라면 어떻게 그럴 수가 있겠어요?" 내가 그렇게 이제 반문을 하긴 하는데.

면담자   그러니까요. 그거 저도 들었었어요. 그때, "진도대교 넘어가는 그날, 갑자기 많이 나와가지고 진도대교에서 다 돌아가게 만들고 그랬다"는 뭐 이런 소문이 있었어요, 그렇죠?

황병주   근데 그거는 이제 당연히 많이 나올 수 있는 거예요, 한 방에 많이 모여 있었으니까. 그게… 한 20명까지 몰려요. 방이 이거만 할까요? 진짜 이거보다 좀 더 작은 방일 거예요. [그 방에] 거의 20명 가까이 몰려 있었어요. 한 17명 정도가 되더라구요. 내가 처음에 그 방을 들어갔는데… 다 그렇게… (면담자 : 다 붙들고 있었구나) 다 붙들고 있는 거예요. 이렇게 잡고 있고 팔 끼고 있고… 진짜로 거짓말 하나도 안 하고요, 저는 그 이야기 많이 하잖아요. "엄마한테 데려다 줄게, 가자" 그러면 풀린다고. 아마 그건 그래서 풀리는 게 아닌 거 같고, 어… 각자 자신한테 아마 최면이었던 거 같아요, 각자 자신한테. 그러면은 내가 좀 안정을 찾을 수 있잖아요, 내가. 그러면은 빨리 막 서두를 거도 천천히 하게 되고. 그게 안 보이는 상황이기 때문에 서두르면 잘 안 되거든요, 그게. 잘 안 빠지던 애들도 천천히 하나씩, 하나씩 차분하게 하면 잘 빠지는데, 그래서 아마 그건, 물론 이제 그렇게 다 그 이야기를, 나만 한 게 아니라 또 다 그 이야기를 해요. "가자" 진짜로 "가자. 가자. 엄마한테 가자. 춥지? 엄마한테 가자" 이런 말을 진짜로 해요.

면담자   그러면 잠수사님도 처음에는 깜깜하고 안 보이니까 아이들을 잡고 나서야 아시는 거잖아요. 그러면 그때, 음… "엄마한테 가자" 그런 말씀을 이제 아이들에게 하시는 건가요? (황병주 : 네) 그리고 예전에도 시신 인양을 해보셨다고 하셨지만… 이번에는 학생들이 대부분이었잖아요?

황병주   (잠시 침묵) 그리고 예전에는 이제 한 사람, 내가 이제 한 사람 있는 거, 한 사람 해봤는데, 지금은 (잠시 침묵) 몇 명씩 이렇게 한방에 그냥 엉켜 있고, 그걸 하면서 엉켜 있고 그러면 '얘네들이 살라고 얼마나 발버둥쳤을까' 그 생각을 하면은 어떻게… 통제가 잘 안되죠. 그러면 차분하게 "가자, 엄마한테" 그러면서 내 스스로한테도 위안을 하는 게 '난 좋은 일 하고 있는 거야. 하고 있는 거야' 그런 생각도 많이 하고 그러는데, 그래서 더, 좀 더, 물론 다른 분들도 다 그랬을 거 같애요. 그래서 더 위안을 하면서 하지 않았을까. 그러니까 그런 날은, 이 방에가 20명이 있는데 그날은 당연히 많이 나오죠. 애들이 많이 올라오죠. 그리고 또 어쩐 날은 방, 이 방도 없고, 저 방도 없고, 없으면은 또…. 그니까 그런 말이 나오면 진짜 너무나 어이없고 너무나 황당한 거예요.

면담자   그러면 이 부분을 여쭤보기 그렇지만 기록으로 남기려고 하는 건데요. 그러면 아이들이 이렇게 한 방에 17명, 18명씩 있을 때, 아이를 한 아이씩 바깥으로 빼 오고 다시 들어가시는 건가요, 아니면 여러 명을 같이 빼 오시는 건가요?

황병주   안 돼죠. 한 명씩 한 명씩, 한 명씩 한 명씩 빼 오고. 그러면 이제 한 명, 어… 여러 명이 있으면은 이제 "저기 지금 몇 명 있으니 계속 준비를 해라. 위에 계속 준비를 해라" 이야기를 하고선 대기를 계속 시켜놓죠, 위에. 그러면 이제 나오면 "바로 다음 사람 내려와라. 내려와라" 이런 식으로 하는 거죠, 계속.

면담자   그럼 밖에서 줄을 잡아주는 보조 잠수사가 있고, 또 위에서는 아이를 데리고[러] 내려왔다, 올라왔다 하시는 분이 있고, 그런 거군요. (황병주 : 네) 그러면 잠수사님은 혹시 모두 몇 명의 아이들을, 또 일반인도 혹시 있으신가요? 시신 수습을….

황병주   아니요. 우리는 거의 학생이었어요, 학생. 왜 그러냐면 방이 앞에 쭉 있으니까.

면담자   아, 앞에 쭉 있으니까.

황병주   몇 명, 내가 몇 명은 정확하게 잘 모르겠어요. 그리고 저는 어… 잠수를 5월 6일 날까지만 했어요.

18
고(故) 이광욱 잠수사 사망, 그 후

황병주   5월 6일 날까지만 잠수를 하고 5월 6일 이후부터는 팀장을 해서 내가, 5월 6일까지 했던 팀장이 사고가 나니까.

면담자   아. 그분이, 그분 팀장을 하셨군요?

황병주   아니, 아니요. 이광욱 잠수사가 사망을 하니까 내가 하고 있던 팀의 팀장이 가버렸어요, 구진욱 씨라고. 이 친구가 하여튼 나가버렸어요. 나가갖고, 자기 "뭔 일 있다"고 나가버렸는데 안 들어오더라고요, 안 들어왔는데. 뭐 그 충격에 안 들어온 거 같아요.

면담자   음… 그러실 수 있죠.

황병주   그래서, 그래서 어쩔 수 없이.

면담자   황 잠수사님이 팀장을 맡으시고.

황병주   팀장을 맡게 된 거죠. 그것도 우영이 형이 이대권 사장이랑 둘이 "니가 좀 맡아줘라" 해서 맡은 거였죠, 저는.

면담자   네. 그 5월 6일 이광욱 잠수사님의 그 상황에 대해 기억 나시는 대로 이야기 부탁드려도 될까요? 이광욱 잠수사님이 같은 팀 은… (황병주 : 아니요) 아니었던 거죠?

황병주   그날까지는, 그러니까 이광욱 잠수사가 오는 날까지는 제가 B팀이었어요. B팀에서 잠수를 해서, B팀 팀장이 있었고 그랬는 데 이광욱 잠수사가 오니까, 그 이광욱 잠수사, 새로 온 사람을 B팀으로 충원을 하고 나는 A팀으로 간 거예요. 나는 A팀으로 갔고 어….

면담자   네. 이광욱 잠수사 오실 때 혼자 충원이 된 건가요?

황병주   아니, 친구랑 같이 왔어요, 친구랑.

면담자   그러면 두 분이 B팀으로 가시고, 황 잠수사님이 A팀으로 옮겨 가신 거군요.

황병주   A팀으로 옮겨 가고, 그래서 사고 난 거를, 음…. 5월 6일 날 새벽 아침이죠, 아침. 아침 6시경인데, 내가 그날 5시부터인가 시작을 했을 거예요. 준비를 하고 어쩌고 한 6시 좀 못 돼서 들어갔는 데, 내가 그 전날까지 B팀을 했으니까, 고 쪽을 계속 주시를 하고 있 었죠, 봤죠. 난 A팀에서 이렇게 하고 있는데, 어… 여기 인제 B팀 팀 장이, B팀 팀장이 계속 다이버를 부르더라구요. 이렇게, 다른 날은 이 쪽에 있는데, [그날은] 계속 다이버를 부르는 거 같더라구요. "다이버, 다이버" 하고 계속 부르는 거 같더라구요. (면담자 : 새벽에요?) 아침이 죠. 폰으로, 다이버가 물속에 들어가 있는데 계속 다이버를 부르는 거 같더라구요. 그러니까 우영이 형이, 공우영 씨가 이쪽에 나랑 같이 있다 막 뛰어가더라구요. 뛰어가는 것까지만 보고 나는 이제 이쪽에, 우리 쪽에 있는데 우영이 형이 뭐 신호하고 어쩌고저쩌고하고 막 "끄집어 올려!" 어쩌고 한 거 같애요. 그리고 '아… 이거 사고 났나 보다' 이제 그 생각을 딱 들죠. '사곤가? 사곤가 보다' 그리고 이제 다이버가 이제, 그때 아마 소방인가? 해경인가가 내려가서 끄집어 올리는데…, 그냥 이렇게 뒤로, 이렇게 저쪽에 뜬 거 보니까 의식이 없이 올라오는 거 같더라구요. '아, 큰일 났다. 사고 났구나' 이제 그 생각을 했죠. 그 전날에, 그 전날 저녁에 들어왔어요, 저녁때. (면담자 : 이광욱 잠수사가요?) 네, 그 전날에.

면담자   아, 계속하시던 분이 아니라 그 전날에 들어오셨던 분이군요.

황병주   그 전날 저녁때 들어왔어요. 그 전날 저녁때 들어왔는데… (한숨을 쉬며) 아무도 몰라요, 이분은. 친구랑 둘이 들어왔는데 우리 잠수사 전체가 다 그분은 어디서 뭘 했는지 다 모르는 거예요, 다 처음 본 사람이에요. 어… 우리 소개로 안 들어오고 해경에서 인제 데리고 온 거예요. (면담자 : 아, 그런가요?) 해경에서 데리고 왔는데, 그때 당시에 "VIP가 온다고 인원 증원을 하라"고 했던 거예요. "인원을 많이 증원을 해라", 우리는 "턱[택]도 없다. 이제 이 인원 가지고 충분히 돌아간다" 그런 거예요. "VIP가 온다니 적다. 인원을 보충을 더 해라" 그래서 인원을 증원하러 갔어요. 팽목항에 다이버들이 많이 있었어요, 많이. 그래서 전광근이랑 이상진이랑 둘이 면접을 보러 갔어요. 팽목항에 면접을 보러 갔어요, 다이버들 많다고 하니까. 그리고 해경 1명이랑 해경 경장, 경감, 누구더라? 이름이 뭐지? 이름 기억이 안 나요. [어쨌든] 걔랑 셋이서 "팽목항에 다이버들 많다고 하니까 가서 골라가지고 뽑아가지고 와라" [하고] 보냈어요. 다이빙 일도 한 타임 빼고 갔어요.

근데 한 명도 안 데리고 왔어요. 그래서 "왜 그냥 오냐?" 그러니까 "쓸 만한 놈이 하나도 없어요". 우리가 쓸 만한 사람이라는 거는, 그냥 다 알거든요. "어디서 일했느냐? 무슨 일 해봤느냐?" 그러면 산업잠수 하는 사람들은 다 나오잖아요. "어디서 일을 해봤냐? 무슨 일을 해봤냐?" 한마디만 물어보면 다 알아요. (면담자 : 그런가요?) 다 알죠, 그거 뻔하니까요. 근데 거기 팽목항에 있는 사람들은 전부 다 그 무슨 전우회, 무슨 뭐… 옷 희한하게 입고 다니는 사람들. 팽목항에서 그러더라구요, 어떤 가족이. 잠수복 입고 거기서 다닌대요. 그러면 가족들은 그 사람들이 일하고 나오는 줄 알고 그 사람들한테 막 밥도 따로 "먼저 먹으라"고 [그랬다고 해요]. "와보지도 않은 사람들이 전부 다 그랬다"고 그러더라구요. 나중에 가족들이 그런 얘기를 해요. 자기는 그런 줄도 모르고 그런 사람들한테 그랬다고 해요.

면담자   그 면접 보러 가셨을 때가 4월 말인가요? (황병주 : 아니요) 아니면 5월에, 그때 언제 면접 보러 가셨던 가요?

황병주   그거 5월 초죠, 5월 초에.

면담자   그러니까 5월 초에 "VIP가 온다"고 (황병주 : 네) 충원을 하는 그게 5월 초에 (황병주 : 네) 있었군요.

황병주   네, 5월 초에 VIP 온다고 "충원을 더 해라".

면담자   그때 그분들은 팽목항에는 왜 와 있던 건가요? 잠수사
분들은?

황병주   모르죠, 우린 모르죠. 계속 사람이 많이 있었다니까,
계속.

면담자   그래서 결국 아무도 못 뽑고 다시 바지로 돌아오신 거
네요?

황병주   못 뽑았죠. 아무도 못 뽑아갖고 왔는데, 그러고 있는데
그 사람들을 데리고 온 거예요. 그다음 날인가? 그다음 날에인가에.
(면담자 : 해경이?) 네, 해경이, 두 사람을. 두 사람을 데리고 왔는데…
[거기 있던 잠수사들은] 전혀 아무도 다 모르는 사람이고, 현장에서 일
했다 하면 다 아는, 다 알아보는데, 다 아무도 모르는 사람이니까. 하
여튼 뭐 그래서 "일을 하실 수 있겠느냐?" 그 전날에 "하실 수 있겠느
냐?" [물어보니까] "할 수 있겠다"고 [그래서] "그럼 어디서 일을 해봤느
냐?" 하니까 뭐 옛날에, 그 게지바리라고 있어요, 키조개 작업하는 거.
"그런 거 했다"고.

면담자   키조개 작업이라면 어떤 건가요?

황병주   키조개라고, 그 가이바시[키조개 관자] 있잖아요, 가이바
시 걔네들을.

면담자   그거랑 잠수사가 어떤 관계가 있나요?

황병주   "그런 잠수를 많이 했다"고 하더라구요.

면담자   아, 그러니까 바닷속에서 그걸 캐는 걸요?

황병주   네, 그 잠수 하는 것도 좀 힘든 작업이거든요. 수심도 많이 타야 되고, 수심도 많이 내려가야 되고. 옛날에 그걸 많이 했었대요, 그래서. 어느 정도, 그것 했으면 어느 정도 인정하는 거죠. 그래서 그 전날, 그러니까 오후에 들어왔는데, 그날 저녁에 원래는, 그날 저녁에 막 타임에, 그 친구분은 6시쯤에 아마 막 타이밍을[에] 한 번 들어갔어요, 그 친구분은, 다른 사람하고.

면담자   그 전날에, 5월 5일에요.

황병주   네, 5월 5일이요. 페어로, 다른 사람하고 페어를 해서 들어갔다 왔어요. 그러고 이제 그 사람 들어갈 차렌데, 물 시간이 끝난 거예요. 그래서 인제 그날 밤에, 12시에 하기로 한 거예요, 12시에. 근데 공교롭게도 그 양반이… 처음에는 그게 아니었을 건데 아마… 그다음 날에 아마 갑자기 저거가 바뀌었을 거예요. 12시에 들어갈 타임인데 12시에 못 들어갔어요, 날씨가 안 좋아서.

면담자   네. 그러니까 하나를 넘겼군요, 한 텀을.

황병주   그렇죠. 12시에는 다이빙을 못 한 거예요, 전체가 다. 그래서 아침으로 이제, 아침에 6시 첫 타임에 들어갔는데, 그때 공교롭게도 "위치를 바꿔라" 이렇게 된 거예요.

면담자   무슨 위치를요?

황병주   잠수할 위치를 바꿔라.

면담자   갑자기요?

황병주   갑자기 해경에서 "다른 데를 수색해라". 〈비공개〉

면담자   그런데 그게 그렇게 갑자기 줄을 옮기고 이런 게 다 가
능한가요?

황병주   뭐 그런 건 상관없죠. 한 타임만 까먹는 거지, 한 타임
만. 그러니까 우리는 이제 그런 것도 자꾸 "안 된다" 그런 것들이에요.
"지금 순서대로 하고 가고 있는데 왜 갑자기 옮기라 이쪽으로 하느
냐?" 이거 하면 한 타임만 까먹는 거고, 한 타임, 그러니까 한 사람이
1시간 까먹는 거예요, 이만큼 해야 되는 시간을. 물 시간 한정돼 있
죠. 일할 수 있는 시간 한정돼 있는데 그만큼을 이거 해야 되는 걸로
소비하고 있는 거예요. 아무 필요가 없는 일이잖아요.

면담자   그러니까 이 장비들을 다시 다 옮겨야 되는 거죠?

황병주   그렇죠. 이거를 이제, 이 로프를 이쪽으로 옮겨야 되는
거예요. 이쪽으로 옮기는 것도 뭐, 잘 보이면 괜찮은데 그것도 쉽지
않아요, 잘 안 보이니까. 그것을 이제 수없이 설명을 하고, 이렇게 하
고, 이렇게 하고, "알았다", "할 수 있느냐?", "알았다", "할 수 있느냐?"
그래서 하여튼 그다음 날 그걸 옮기게 돼서, 그 사람이 그걸 옮기게
된 거예요, 옮긴 거예요. 그 옮기는 과정에서 사고가 난 거죠.

면담자   아, 그럼 무엇을 옮기게 된 건가요?

황병주   로프를, 하강 줄을.

면담자   하강 줄을, 이쪽에 원래 있었던 거를.

황병주   그렇죠.

면담자   그럼 밑에서 푸는 건가요? 위에서 푸는 건가요?

황병주   그거는 풀지도 않고, 하나를 별도로 가져가서 "이쪽에다 해라" 이렇게 한 거였어요.

면담자   아, 그러니까 새로 이쪽에다 줄을 묶어서 위로 와서 여기에다 이제 달려고 했었던 작업인 거군요.

황병주   그렇죠. 이제 "이쪽으로 들어가야 되겠다" 하는 거였죠.

면담자   이 줄을 작업하는 게, 줄 작업하는 게 배 안으로 들어가서 시신을 인양하는 것보다 더 어려운 건가요?

황병주   아니죠, 그건 더 쉽죠.

면담자   그럼 좀⋯ 운이 안 좋으셨던 거네요, 그러면?

황병주   그렇죠. 뭐 운이 안 좋으셨는지 어땠는지 하여튼 뭐 원인은 우리도 알 수가 없어요.

면담자   그러면 그 작업하러 들어가셨는데, 들어가서 얼마쯤 돼서 연락이 안 된 건가요?

황병주   아마 금방 안 된 거 같죠. 얼마 안 있다가 안 된 거 같죠, 정확하게는 모르겠는데, 얼마 안 있다가⋯.

면담자   그러니까 이분이 그때 B팀에 들어오셨고, B팀 팀장님은 누구셨어요?

황병주   구진욱 씨

면담자   아, 이분이 이제 이 사고가 나니까 나가신 거군요.

황병주   네. 자기 뭐 일이, "볼일이 있다"고 나가갔고 안 돌아온.

면담자   그럼 그때 A팀 팀장은 누구셨나요?

황병주   김순종 씨.

면담자   아, 김순종 씨가 하고. 그럼 공우영 잠수사님은 뭘 하고 계셨던 건가요? 그 두 팀을 다 총괄하신 건가요?

황병주   네, 다 총괄하고 있었죠.

면담자   그렇군요. 그러면 그때 이 친구분은 뭐라고 하셨나요? 두 분이 같이 오셨는데, 한 분은 이광욱 잠수사 친구분이셨잖아요. 그 분은 이 일이 공우영 잠수사를 비롯해서 다른 잠수사분들의 실수거나 실책이라고 생각을 하시나요?

황병주   아니죠. 그분은 뭐… 실질적으로 (헛웃음을 웃으며) 공우영 잠수사가 지시한 게 뭐 있어요? 전혀 없는 거예요, 전혀 없는 거니까. 그리고 사고 원인은 저희들도 모르고. 거의 근데 대부분이 사고 나면 그렇더라구요, 아무….

면담자   그 친구분은 계속하셨나요?

황병주   아뇨, 갔죠. 바로 그다음 날 갔죠.

19
공우영 잠수사의 억울함, 그리고 슈퍼바이저

면담자   지금 말씀하신 것처럼 이광욱 잠수사님이 오셔서 하루 만에 그렇게 사고사로 돌아가신 것은 참 안된 일이지만, 현장에서는

123
·
1회차

그 이후에 나타난 영향이 굉장히 많았어요. 그렇죠? (황병주 : 네) 그 사고 이후에 그런 변화들이 이제 어떻게 진행이 됐는지, 그 얘기를 좀 해주시죠?

황병주   그 사고가 나니까 그때부터는 물론 이제 의사가 오게 됐고, 그 전엔 의사도 없었지만, 그 이후에는 의사도 오게 됐고, 또 물리치료사라든가 뭐 이런 각종, 뭐 한의사도 오기도 했고. (면담자 : 바지 위로요?) 네, 물리치료사들도 왔고. 그 이후로는 우리들, 물론 처우가 조금 더 좋아지긴 했어요. 좋아졌고, 잠수도 이제 그때부터는 조금 더 인제 더 "규정을 지키라"는 등 그런 말이 자꾸 있었고…. 그 전에는 그런 게 전혀 없었죠. 뭐… 어떻게 됐든 간에 하여튼 의사도 또 상주를 했고….

면담자   그럼 그 의사분들은 잠수병이라든지 이런 것에 대해서 좀 아시는 분들이었나요?

황병주   아니요, 일반 의사들. (면담자 : 일반 의사요?) 일반 의사들이 와서, 돌아가면서 국립병원이나 이런 데서 온 거 같더라구요, 돌아가면서. 그게 뭐 배정이 된 건가 봐요. 다른 의사나 물리치료사들도 다 마찬가지예요. 그리고… 이광욱 잠수사 돌아가시고 얼마 안 있으니까 이제 '수난종사명령서'를 인제 다 받더라구요, 종사명령서를. 그 전에는 그런 것도 없다가.

면담자   그게 처음 그럼 서류라는 걸 써보신 거네요?

황병주   네, 네. 종사명령서를 각자 다 쓰더라구요.

면담자   거기에는 뭐가 적혀 있던가요?

황병주   종사명령서에 뭐가 적혀 있었냐면, 앞으로 뭐 "재난이 일어났을 경우에 국가가 부르면 와야 된다. 안 올 시에는 벌금 300만 원을 문다" 뭐 이런 내용이 있더라구요(헛웃음). 그래서 하여튼 뭐 그때 그래서 종사명령서를 다 썼어요, 그때. 그리고 뭐 하여튼 다른 거는, 그때 그 이후부터는 부식도 조금씩 더 나아졌고, 뭐 여러 가지로 조금씩 더 나아졌어요.

면담자   지금 말씀 들어보면 이광욱 잠수사님과 공우영 잠수사님은 전혀 관계가 없어 보이거든요. 황 잠수사님이나 다른 분들처럼 공우영 잠수사님이 연락을 해서 "오라"고 한 후배도 아니고, 그리고 또 이 팀에서 인원을 보충한다고 전광근 잠수사님이 면접을 보고 면담을 했던 잠수사님도 아니셨잖아요. 그런데 이게 공우영 잠수사님의 문제라고 기소될 수 있는 근거는 뭔가요?

황병주   어… 검찰에서, 뭐 그러니까 해경에서 문제를 제기한 거는 어떤 거냐면 "공우영 잠수사가 민간인을 관리감독을 했다".

면담자   민간 잠수사들을?

황병주   네. "민간 잠수사들을 관리감독 했다. 그래서 공우영 잠수사 책임이다. 그래서 총민간잠수사감독을 했기 때문에 공우영 잠수사를 돈도 더 줬다. 그랬기 때문에 니가 책임을 져야 한다" 이거예요. 그래서 그 내용에는, 공소장 내용에는 어… "혈압 체크도 안 했다. 잠수기능사 자격증 체크도 안 했다. 보조 공기통도 안 메고 들어가게 했다" 뭐 이런 것들, 이제 뭐…. 그러니까 혈압 체크를 왜 우리가 해야 하냐구요. (헛웃음을 웃으며) 혈압 체크하는 것도 없어요.

면담자   그러면 처음부터 해경이 공우영 잠수사에게 그러한 직분, 합당한 직분과 그런 책임에 걸맞은 그런 권한을 부여를 했었나요? 그런 어떤 뭔가의 과정이 있었나요?

황병주   아무것도 없었죠, 아무것도 없었고. 어… 자연스럽게, 어디를 가든 간에, 그 잠수를 하게 되면은, 조그마한 [현장이라] 두세 명이 일하는 데면 너도 하고 나도 다 해야 하지만, 인원이 많아지고 잠수사가 몇 명 이상 되면 관리를 하는 사람이 있어야 되는 거예요. 그래서 팀장이 있어야 되는 거고. 어… 원래는 그 슈퍼바이저라고 그러는데, 그 슈퍼바이저라는 역할이 있어야 되는데, 그거를 슈퍼바이저라고 하면은 외국 같은 경우에는 슈퍼바이저의 권한을 주면은 슈퍼바이저가 책임을 져야 돼요, 그런 것도, 사고도. 근데 [그때는] 그거는 아니거든요. 권한은 전혀 주도 않고. 단지 우리만, 관리만 하는 거예요. 그러니까 "선배니까 말을 잘 들어" 이거죠. 그러고 해경이 이렇게 이렇게 하면은, 우영이 형한테 "이렇게 이렇게 하시오" 그러면 우영이 형이 "야, 이렇게 이렇게 하라고 하니까 이렇게 이렇게 해라" 이런 역할만 한 거죠, 중간에서.

면담자   그러니까 사실은 해경이 잠수사님들을 직접 통솔하거나 관리할 수 없기 때문에, 어떻게 보면 오랫동안 관계를 맺어왔던 공우영 잠수사님이 그 역할을 대신 해주고 있었던 거잖아요.

황병주   그렇죠. 그러고 실질적으로 그걸 대신했지만은 권한은 안 준 거지, 예를 들어서 뭐… (면담자 : 결정할 수 있는) 결정할 수 있는 것도 없고. 아무것도 아니면서 [우영이 형한테] "여기 해라, 저기 해라" 는 다 하고 "이거 시켜라, 저거 해라" 이제 그런 것만 하면서 결론은 "니가 책임져라" 이거죠. (면담자 : 사고 나면) "사고 났으니까 니가 책임져라" 이건데, 이건 진짜 말도 안 되는 거죠. 슈퍼바이저, 외국처럼 슈퍼바이저 자격을 줬다면 당연히 그렇게 해야죠. 근데 슈퍼바이저는 모든 것을 다 알아서 하는 거예요. 슈퍼바이저는, 외국에는, 그 현장의 슈퍼바이저는 슈퍼바이저가 다 알아서 하는 거예요. 그렇게 해야 되는 거예요, 원래는. 그렇게 해야 되는 거예요. 그러니까 미국 같은 데 그 소방, 불나면 소방 그 소방서장이 다 책임지고 거기서 다 하잖아요. 누가 와도 뭐 "이래라, 저래라" 누가 안 하잖아요, 소방서장이 다 알아서 하는 거지. 그런 거하고 똑같은 거예요. 그래야 되는데 여기는 지네들이 다 알아서 하면서, 다 알아서 하면서 "책임만 져라" (헛 웃음을 웃으며) 이거잖아요. "책임만 져라?" 진짜로 말도 안 되고.

그렇다고 그 사람, 우리가 데리고 온 것도 아니고 실력을 우리가 어떻게 알아요. 자기네들이 "검증됐다"고 데리고 온 사람이란 말이에요. 국가기술자격증도 없다는데, 국가기술자격증이. 우리가 일하러 온 사람한테 "당신, 국가기술 자격증 있어?"라고 물어볼 거예요? (헛웃음을 웃으며) 그런 작업은 해경에서 데리고 왔으면 해경에서 미리 다 맞춰갖고 와야 되잖아요, 자료부터 [검증]하고 와야 되는 건데, 해경에서는 하지도 않았으면서 그거를 사람 데려와 갖고 우리한테 "일시켜라" 해놓고 일시키니까, 이렇게 된 거죠.

면담자   그렇죠. 그래도 다행히 공우영 잠수사님 일과 관련해서는 많은 사람들이 말도 안 된다고 느꼈기 때문에….

황병주   근데 말도 안 된다고 느꼈지만은, 물론 다 사람들 "말도 안 된다"고 하고 나도 "말도 안 된다"고 하고 [그랬죠]. 그 말도 안 되는 거지만, 본인은 지금 2년 동안 재판하면서 얼마나 큰 고통을 받았어요. (면담자 : 맞아요) 그것 때문에 작년 같은 경우에는 외국 나갈 수 있었는데, 외국 나가서 일하는 다른 아는 선배[가] "일 좀 해달라"고 그랬는데 요건이 안 되잖아요, 그 재판하고 있으니까. 여권을 뭐, 여권을 단수 여권밖에 안 되니까 "취업 여권은 안 된다"고, "취직할 수 있는 건 안 된다"고 그래서 못 나갔지. 그런 거, 저런 거, 심적인 고통, 이런 거 어디 가서 하소연할 거며 금전적인 건 얼마나 손핸데. 그니까… 무죄가 나봐야, 무죄가 당연히 나겠지만은, [무죄가] 나도 어마어마한 피해를 입고 있는데 이거를 누가 책임을 해주냐고요. 자기네들은, 지네들은… 기소해 가지고 무죄 나오고 뭐 "무죄 나왔으니까 잘됐다" 이렇게 이야기하겠지만 뭐 잘된 게 있나. (헛웃음을 웃으며) 하여간, 그 피해는 어떻게 할 거냐고.

면담자   그렇죠. 맞는 말씀입니다.

20
다이빙 벨에 대한 의견

면담자   앞서 잠깐 말씀하시긴 했는데, 혹시 유가족들이 알고 있는 오해 중에 해명하고 싶거나 억울했던 일이 또 있으신가요?

황병주   거의… 거의 대부분이, 유가족이 지금은 이해는 하고 있지만 그래도 일부 유가족들은 아직까지도 우리를 좀 불신하는 사람들이 있다고 그래요. 일부가 지금도 있대요, 그런 사람들이. 그러고 "지금도 다이빙 벨을 선호하는 사람들도 있다"고 그러고.

면담자   그게 또, 다이빙 벨이 다큐멘터리가 나와가지고, 그렇죠?

황병주   그런 거 보면… (한숨을 쉬며) 물론 인제 '불신한다' 이런 건 어쩔 수 없는 거예요, 그 사람 생각이니까. 어쩔 수 없는 거잖아요. 나야, 우리야 떳떳하니까. 그렇지만 또 인정해 주는 사람이 있으니까, 거의 대부분이 다 인정해 주는 거고, 그 일부의 그런 사람들은 어쩔 수 없는 거지만은. 다이빙 벨에 관해서는… 이상호 기자나 이종인 씨나 이런 사람들은… 내가 다이버로서… 정말 나쁜 사람이라고 나는 생각해요. (면담자 : 이종인 씨가?) 네. 전 국민을 우롱하는 거고, 유가족을 우롱하는 거예요, 지금.

면담자   저도 그 다큐멘터리 봤어요. 사실 일반인들이 봐서는 몰라요. (황병주 : 모르죠) 그러니까 그걸 보면 '그런가 보다' 하는 거지. 황 잠수사님이 보시기에는 어떤가요?

황병주   전문가가 아니면 모르는 거예요. 다이빙 벨이라는 장비는요, 50년대, 60년대 나온 장비예요. 지금은 쓰지도 않는 장비고 우리 현장에는 전혀 맞지 않는 장비예요, 그 장비 자체가. 아무 필요가 없는, 진짜로 필요가 없는 거고. 그거를 쓰면은 더, 그 양반 이론하고는 전혀 틀려요, 그걸 함으로써 훨씬 더 위험 요소가 있는 거고. 시야가 아무것도 안 보이는데 그거 잘못하면 거기에 부딪치면 죽어요, 그거. 물속에는, 그게 물론 고정을 어느 정도 시키겠지만, 가서 아무리 고정을 시켜도, 로프로 고정시켜도 그 무거운 게 배가 움직이면…. 움직여요, 같이 움직이면 잘못하면 [다이버] 머리 맞으면 죽어요. 보여야지 뭘 하든가 하지, 그 물속에서 이게 움직이는데, 하나도 안 보이는데, 이거 부딪치면 어떻게 할 거예요? 첫 번째 그 이유, 그 이유죠.

또 그게 다이빙 벨은 그 사람 이론대로 하자면은 "다이빙을 갔다 와서 거기에서 쉬면 된다. 거기서 쉬면 된다"고 해요. 왜 거기서 쉬어요, 올라가서 쉬면 되지. 올라가서 챔버 있고 다 하는데 왜 거기서 쉬냐고요. [잠수를 하다] 거기서 쉬고, 다른 사람이 거기서 쉴 동안에 [잠수를 하고] 거기서 있다가 [하는 식으로], 그 사람 이론은 [그렇게 잠수를] 계속한다고 하는데, 뭘 배가, 그 조류가 센 데는 사람이 버티지도 못해요. 버티지도 못한다고, 조류 셀 때는. 호스가, 조류 셀 때는 호스가 댕겨져서 움직이지도 못할 정도예요. 그러니까 전혀 안 맞는, 전혀 진짜로 이만큼도 안 맞는 거예요. 근데 그거를 갖고 와서, 나는 그걸 보지도 않았지만은, 다큐멘터리 보지도 않았어요. 보나마나 볼 이유가….

면담자   그걸 바지선에서 보셨나요? 바지선에서 가져와서 한번 해볼려고….

황병주   봤죠, 봤죠.

면담자   그게 언딘 바지였었나요?

황병주   아뇨, 아뇨. 바지를 따로 가져왔어요.

면담자   아, 따로 갖고 오셨나요?

황병주   따로 가져와서 실험을 했는데…, 그야말로 쇼를 하고
갔죠.

면담자   그러니까 그분 다큐멘터리에서는 그때 바지를 뭐 대지
못하게 해서 어디 구석에, 선미인가 하여튼 어디에….

황병주   (한숨) 진짜로, 진짜로 말도 안 되는 거예요. 그런데 처
음에 어… 내가 그거를, 나도 이제 지금도 그래서 뭐라 그러는 게 하
나 있어요. 그 언딘에 김천일 이사라는, 그 친구가 있었는데, 김천일
그 친구가 아마 처음에는 바지를 못 대게 했던 거 같더라구. 그래서
나는 지금도 우영이 형한테 그 얘기해요. "아니, 왜 못 대게 하느냐?
와서 하라고 그래라. 해봐야지, 그러면 되는지 안 되는지 될 거 아니
냐". 그러니까 결국 나중에 우영이 형이 대라고 해서 했어요. 우영이
형이 "야, 대라고 그래라, 대" (면담자 : 언딘 바지에?) 네. "옆에다 딱 붙
여놓고 해" [해서] 붙여놓고 했는데… 시도를 하다가 못 했잖아요, 결
국은. (면담자 : 네, 실패했죠) 들어갔[어요], 자기 잠수사도, 데리고 온
잠수사도 들어가긴 들어갔어요.

그러고 데리고 온 잠수사도 없어 가지고, 그 며칠 전에 우리한테
일하러 왔던 애가 있어요. 젊은 앤데 거기에 그때 일하러 왔길래 "어
디서 일했느냐?" 그러니까 "잠수 학교를 나와서" [그래서] "잠수 학교를
나와서 현장에 뭐를 했냐?" [하니까] "안 해봤다" 그래서 내가 "안 된다"
고 "가라" 했는데 거기를 왔더라구요. 거기를 같이 왔어요, 그 바지하
고. 그러더니 이거 하는데 입수를 하더니, 떠내려갔어요. 해경이 (헛
웃음을 웃으며) 건져주더라구. 다이버도 없어 가지고 그런 애 데리고
와서도, 다이버라도, 또 다른 애도 있긴 있더라구요, 다른 애가 들어

131
●
1회차

가긴 들어가던데. 얼마나 거기에서도 위험했냐면요, 아마 그런 거는 안 나왔을 거예요. 그런 건 안 나왔을 건데, 크레인을 이렇게 다이빙 벨을 들거든요? 이렇게 들면은 이게 추예요 추, 이렇게 움직이는 거예요, 이렇게. 이게 와이어가 있기 때문에, 이게 무겁기 때문에, 이게 무겁기 때문에 조금만 위에서 약간만 움직여도, 여기선 이만큼 움직여도 [밑에] 여기선 이만큼 움직여요. 이만큼 움직이는 거예요. 그러면 배가 전혀 안 움직일 수 있나요, 조금씩 움직이지. 그러니까 요동을 치는 거예요, 이게.

　그러니까 이상호하고 이종인하고 양쪽에서 줄 잡고 쇼를, 쌩쇼를 했어요. 그렇게 하다가 어떻게 들어가긴 들어갔어, 넣긴 넣었어요. 물에 넣긴 넣었는데, 넣었는데, 들어갔는데, 모르겠어요. 거기 들어가서 선체에 접근도 못 해요. 물속에서도 이게 이렇게 움직이는데, 물속에 들어가면 좀 덜하죠. 물의 저항이 있기 때문에 덜 움직이긴 해요. 그래도 움직여요, 이게. 근데 이게 사람이 나와서, 무서워서, 아무것도 안 보이는데 어떻게 나가서 가냐구요. 못 해요, 이거는. 그러니까 얘는, 이거 타고 내려갔던 다이버는 여기 있다, 가만히 있다 그냥 온 거예요. 아무것도 못 하고 그냥 온 거죠, 당연히 할 수도 없고. 그래서 실패를 했는데 뭐 배를 못 대게 해서 구석에서 했다고….

면담자　　　그런데 그분하고 이상호 기자는 왜 다이빙 벨을 그렇게 신뢰를 했을까요?

황병주　　　글쎄요? 그건 잘 모르겠어요, 그건 왜 그런지. 〈비공개〉

면담자　　　이종인 씨는 이전에도 알고 계셨던 분인가요?

황병주   아, 소문만 들어서 알아요, 소문만 들어서 알고.

면담자   그러니까 그분도 개인 다이버도 하시는 건가요?

황병주   아니, 아니에요. 업체를 하고 있어요. 업체를 하고 있고, 인천에서 수중회사를 하고 있었는데, 〈비공개〉 선박 검사, 이런 거.

면담자   아, 거기가 선박 검사도 하는 회산가요?

황병주   선박 검사, 그러니까 선박 밑에 촬영하고 이런 거 하는 거예요. 촬영하고 이런 걸 하는 거고, 선박, 배 인제 그… 때 같은 거 많이 껴서 뭐 청소하는데 밑에, 바닥에 청소를, 스크라핑[선박에 부착된 이물질을 제거하는 작업] 하고 이런 걸 하는 거예요. 그 배, 예를 들어서 뭐 "사고 났다" 그러면 다이버들이 가서 하는, 그런 회산데, 실질적으로 무슨 뭐 다른 일을 많이, 수중 토목 같은 건 많이 안 해봤겠죠. 도대체가 이해를 할 수가 없어요, 그 사람, 그 사람의 증언을, 왜 그런…. 이상호 기자야 모르니까.

면담자   이상호 기자는 그렇죠.

황병주   모르니까 의협심에 그랬다고는 할 수 있죠, 그런 걸 전문 지식이 없으니까.

면담자   그런데 혹시 이상호 기자가 만나러 오거나 그런 적은 없었나요?

황병주   우리요? (면담자 : 네) 없었어요.

면담자   사실 그 점이 조금 아쉽더라구요. 이상호 기자가 이종인 씨만 인터뷰하고 그 증언만 믿을 게 아니라 또 다른 분들도 인터뷰를 좀 하고, 그런 내용들을 종합을 해서 만들었으면 좋았을 텐데요. (황병주 : 그러게요) 그랬으면 좋았을 텐데, 너무 이종인 씨 의견만 가지고 하니까. 그런데 사실 일반인들이 봤을 때는 "다이빙 벨 안에 공기층이 항상 있어서, 공기가 있어서 오래 잠수할 수 있다" 사실 그런 게 굉장히 그럴듯해 보이거든요.

황병주   절대로 아니에요. 오래 잠수하면 오래 잠수한 만큼 꼭 감압을 해야 할 거 아니에요. 감압을 해야 돼요. 그냥 올라오면 죽어요, 오래 한 만큼 챔버에 있어야 되는 거고. 그 챔버도 없이 왔더라구요. 한 만큼 뭐가 있어야 되는 거예요. 그래서 우리는 [잠수를] 오래 못 해서 못 하는 거 아니잖아요. 올라가면 다음 사람이 들어가잖아요, 계속 교대로 해서. 그게 계속 효율적인 거고, 한 사람이 오래 있으면은, 오래 있으면은 어떤 그런 현장에서는 한 사람이 오래 있으면 안 돼요, 여러 가지로, 저체온증도 있고 뭐 여러 가지로. 그때 당시에 저거로는 한 사람이 오래 있으면 빨리 다른 사람이 교체를 해가지고 빨리 [바꿔야 돼요]. 그리고 물속에 오래 있으면 사람이, 머리가 안 돌아가요, 안 돌아가요. 세 가지 일을 시키면 세 가지를 다 못 해요, 이게 기억력이 없어져서. 질소를 마시기 때문에 기억력이 없어져요. 그러니까 계속 새로운, 신선한 게 가야지 되는 거지, 한 사람이 오래 한다고 절대 좋은 게 아니에요, 절대 되는 것도 아니고. 무슨 "아주 중요한 기술이 있어 가지고 그 사람이 꼭 해야 되는 기술이 있다. 다른 사람은 못 한다" 이러면 이 사람 오래 할 수 있지만은 그렇지 않으면 그게, 지금 거기에 있는 상황은 전혀 맞지 않는 거예요, 그게.

그러니까 그야말로 말도 안 되는 거고, (헛웃음을 웃으며) 그야말로 말도…. 거기 공기층이, 공기층이 물론 있는데 공기가 있으니까 당연히 있을 수는 있죠. [그런데] 뭘 가만히 있기만 하면 뭐 할 거예요. 진짜로 안 맞는 거거든요. 그리고 그런 장비가 있으면은, 아니 지금 시대가 어떤 시댄데, 60년대에 있었[지만] 그때 당시에도 쓰지도 않은 장비를. 그때 당시에도 쓰지도 않은 장비예요, 안 맞기 때문에, 그러니까 효율적이지 않기 때문에. 그때 당시에도 안 쓴 장비, 지금 거의 그냥 고철로 있는 장비를 가져와서, 지금 무슨 최첨단 시대에 아날로그도 완전 말도 안 되는 아날로그를 갖고 와서 하라고 하면 진짜 말이 안 되는 거거든요. 진짜 안 되는 거거든요.

면담자   그러면 아까 남경필 의원이 가져왔다는 개장은 누가 제안한 건가요?

황병주   남경필 의원이 제안한 거예요.

면담자   아니, 스스로 본인이 생각해 낸 건가요?

황병주   네 그렇다고 해요, 남경필 의원이.

면담자   그분은 바다에 대해 많이 아시나 보죠?

황병주   아뇨, 알면 그렇게 안 하겠죠.

면담자   (웃으며) 이렇게 웃으면 안 되는데. 그분은 그게 뭐였던가요?

황병주   그게요, 철장이에요. 철장, 사각 철장.

면담자　　　완전 꽉꽉 막혀 있는?

황병주　　　네. 그러니까 철장을, 사각 철장을 철제로 이렇게 만들었다고요. 그러니까… 감옥처럼 이렇게 만들은 거에요, 철창.

면담자　　　아, 그러니까 밖에 이렇게 철창이 있는군요.

황병주　　　네. 철창이 있게 만들어놓은 사각 철장이에요. 이 사각 철장을 [물속에] 내려서 거기다 놓고, 시신을 여기다 한꺼번에 다 모아서 한꺼번에 들어 올리란 이야기예요.

면담자　　　그러니까 잠수사가 그 안에 타고 가서, 사각 철장 문을 열고 나와서 시신을 다시 사각 철장에 모아서 위로 올리라는 건가요?

황병주　　　그러니까 배에다가, 배 있으면 이걸 배에다 여기다 내려놓고 이렇게, 여기 선실에 들어가서 다 이렇게 [시신을] 모아서 여기 [사각 철장에]다 다 한꺼번에 모아서.

면담자　　　그런 다음에 위에서 크레인으로 올리라고요?

황병주　　　네. "크레인으로 한꺼번에 들어 올려라" 이런 이야기예요. 무슨 짐짝입니까? 그건 진짜 너무나 말도 안 [되는], 어이, 진짜 너무나 어이없는 발상을 그걸, 그리고 그걸 또 만들어가지고 왔어요. (면담자 : 그게 크기가?) 꽤 크더라구요. 한… [가로] 3미터, [세로] 3미터는 된 거 같지? (면담자 : 아, 그래요?) 굉장히 크게 만들었더라구요. 그래 가지고 뭐 갖고 와서 쓰지도 않고, 계속 한 한 달 정도는 그냥 다른, 저 옆에 바지에다 실어놓고….

면담자　　　크레인도 같이 왔나요?

황병주 　　아니요, 크레인은 이제 거기 있으니까. 너무나 어이없는 거죠, 진짜 그게. 아니, 사과 박스인가요? 그걸, 다 시신을 하나씩 하나씩 차곡차곡 재놨다가….

면담자 　　꼭 차면은 이제….

황병주 　　채워가지고 한꺼번에 올리라고. 그거 진짜 말도 안 되는 그걸 어디서 그런 진짜. (한숨 쉬며) 어차피 한 사람씩, 한 구씩 옮기면 돼요. 참 기가 막혀서, 그러는 게 더 힘들겠네. 그래서 우리가 안 된다고 하니까, 거기 누가 봐도 아니거든요, 해경도 보니까 아니잖아요.

면담자 　　그건 진짜 누가 사진을 좀 찍어놓았으면은 해외에서 정말 토픽감이었겠네요.

황병주 　　그 사진 있어요, 그 사진 찍어놓은 거. 우영이 형이 그 사진 갖고 있을 거예요. 나중에 보여달라 그러세요.

21
정조, 물때 등

면담자 　　아까 이야기 중에 물때가 언급이 됐는데요, 설명 좀 부탁드릴게요. 그 물때라는 걸 봐서 잠수를 할 수 있는 건가요?

황병주 　　물때라는 건요, 하루에 어… 6시간 주기로 똑같이 이렇게 물이 있어요, 이렇게. (손으로 가리키며) 여기 비웠다고 하고, 6시간 동안에는 이쪽에 물이 가득 있어요, 이쪽에. 그러면은 6시간, 6시간, 그러니까 처음 시작이다 그리고, 6시간 동안 이 물이 이쪽으로 가는 거예요, 6시간 동안. 6시간 동안 계속 이게 가는 거예요. 그러면 6시간 다 되면은 잠깐 서요, 이게. 잠깐 섰다가 다시 또 이쪽으로 오는 거예요, 다시 또. 그러면 또 이게 계속 6시간 단위로 반복되는 거예요. 그러면 6시간 동안 이리 갔다가 거의 다 요만큼 남았을 때, 아니면 요만큼 남았을 때에서부터, 예서부터는 물이 많이 안 가는 거예요. 물의 흐름이 약해요, 처음에는 많이 가다가. 그러니까 처음에 요만큼 갈 때까지는 또 흐름이 많이 없다가, 그니까 한 이만큼부터, 이만큼에서 이만큼 사이에는 물의 흐름이 많이 없다가 이 사이에는 물의 흐름이 센 거예요. 그러니까 이 사이에는 일을 못 하고 흐름이 작을 때, 그때 일을 하는 거예요. 그리고 이제 정조 타임이라고 있어요. 그게 정조 타임이라는 게, 흐름이 거의 없을 때, 이제 그 시간 사이사이에, 6시간 사이사이에 흐름 없는 거예요. 그리고 조금, 조금 이야기하고 뭐… 대조기, 소조기, 이런 거 이야기하잖아요.

면담자 네, 그건 이제 달과 관련해서 이야기하는 거죠?

황병주 네. 그게 이제 뭘 의미하냐면, 뭘 의미하냐면요, 주기는 똑같아요, 하루에 네 번 6시간씩. 주기는 똑같은데, 어… 대조기나 이제 소조기나 이렇게 물이, 이제 조금 때는, 주기는 똑같은데 이 물이 하나가 아니라 6시간 동안에 반만 가는 거예요, 6시간 동안에 반만 가는 거고 다시 또 반만 오는 거고. 그니까 어떻게 되냐? 6시간 동안에, 6시간 동안 이 하나가 가는 거하고 반만 가는 거하고, 차이가 뭐가 있죠?

면담자   더 빠르겠죠, 시간이.

황병주   그렇죠. 시간은 똑같은데 물 흐르는 양이 작기 때문에, 작고 크기 때문에, 조금 때는 물이 많이 안 흘르고 사리 때는 많이 흘러요.

면담자   그럼 사리 때는 2병이 가는 속돈가요?

황병주   아니죠. 1병은, 똑같이 1병을 가는데, 6시간에 1병이 가는 거고?

면담자   네, 사리 때는. 그럼 조금일 때는 반 병만?

황병주   반 병만 가는 거고.

면담자   그러면 조금일 때가 유속이 느리겠네요.

황병주   그렇죠. 조금일 때가 이제, 그러니까 물 시간이 훨씬 더 많이 나오는 거죠. 그러니까 요만큼 나오는데 조금 때는 한 요만큼 나와도 조금 가니까. 그러니까 시간이 많이 나오고 일할 수 있는 타임이 많고, 사리 때는 빨리 갔다 해야 되니까 일할 수 있는 시간이 짧고, 이런 거예요.

면담자   네, 그러면 아까 6시간 단위로….

황병주   그 6시간은 계속, 6시간은 똑같은데, 그 시간은 변동이 돼요. 하루에 뭐 한 30분도 늦어졌다가 1시간도 늦어졌다 그 차이는 조금씩 있어요. 그러니까 오늘은 지금… 지금은 9시 40분에, 그러니까 9시부터, 9시, 10시까지 정조 타임이었다, 이제 이 시간에 일을 했어요, 예를 들어서. 했으면은 그다음에 6시간 후잖아요. 6시간 후면 밤, 새벽 3시나 정도 되죠. 3시나 뭐 이렇게 되면은, 이때는 한 30분이 뒤로 늦춰지는 거예요. 그다음도 또, 그다음도 또 늦춰지고 계속 조금씩. 그러니까 그 시간이 조금씩, 조금씩 틀려[달라]지는 거죠.

면담자　　　그러니까 물 움직임은 바닷속의 움직임을 이야기하시는 거죠?

황병주　　　그렇죠. 바다에서 움직이는 거, 그걸 이야기하는 거죠.

22
국가와 종사명령서 작성 및 지급 시기

면담자　　　그리고 앞서 이야기 중에 확인하고 싶은 것 중 하나가, 이광욱 잠수사님 돌아가시고 그때 해경에서 주장했던 게 "공우영 잠수사님은 민간 잠수사들 관리조로 보수를 더 줬다"는 거잖아요. 그러면 실제 언제부터 보수 금액이 이야기됐고, 그것과 관련해 문서를 작성한 적이 있나요? (황병주 : 없어요) 그러면 말로만 서로 한 건가요?

황병주　　　이야기가, 이야기가 한⋯ 5월, 그러니까 한 달 조금 지나니까, 한 달 정도 되니까 그때 이제 이야기가 나온 거예요, 그것도. [잠수사들은] 처음에는 며칠, 거의 대부분이 '나 며칠 정도만 하면 될 거다' 이렇게 생각했고.

면담자　　　그러면 이광욱 잠수사님 돌아가신 뒤네요? (황병주 : 뒤예요) 그러니까 그 전에는 그럼 공우영 잠수사님한테 더 주고 말고 할 것도 없는 거네요, 전혀.

황병주   그렇죠. 그때는 돈 아직 안 받을 때니까, 돈.

면담자   그런데 이제 해경은 그런 이야기를 하는 거군요.

황병주   네, 돈을 이제 나중에 줬으니까.

면담자   나중에 지급을 했으니까.

황병주   6월, 처음에 돈을 받은 게 아마 6월 달에, 6월 말일 즈음경, 이때쯤에 돈 받았을 거예요, 처음 받은 게. 처음 받은 게 6월 한 말일경인 그즈음 될 거예요.

면담자   그러니까 이광욱 잠수사님 사고 있고, 그다음에 좀 지나고 그 보수 이야기가 해경에서 나오기 시작한 건가요? (황병주 : 네) 그러면 그때, 아까 말씀하셨던 문서, (황병주 : 종사명령서요) 그걸 쓰고 난 다음인가요?

황병주   그걸 쓰고 난 다음에요.

면담자   그러면 그때는 공우영 잠수사님이 해경하고 만나서 무슨 회의나 의논을 하면 어떤 계약과 관련된 건 없었나요?

황병주   그런 것은 안 했어요, 그런 것은 전혀 안 했고. 회의는 했죠, 매 작업에 관해서. 이광욱 잠수사 사망한 이후에, 이후에 이제 회의는 자주 했어요. 회의는… 한 2, 3일에 한 번씩은 한 것 같아요.

면담자   그러면 그때 공 잠수사님과 황 잠수사님이랑, 또 누가 들어가셨나요?

황병주　　　나랑 둘이하고 이제 그 88, 88 두 사람하고, 그리고 청장, 국장, 거기 총경, 그렇게 아마 했었던 거 같아요. 그러고 해군, 해군 거기 이제 뭐… 거기 해군 대장도 있었고, 대장하고 중령하고 대령, 하여튼.

면담자　　　그러니까 해군은 언제부터 참여를 하기 시작한 건가요?

황병주　　　처음부터 해군은 참여했죠.

면담자　　　처음부터 한 건가요?

황병주　　　처음부터 했죠. 처음부터 했는데, 처음에는 공기통으로 했고. 우리 이제 리베로[언딘 바지]가 세팅하면서부터….

면담자　　　따로 이제 한쪽에서 한 거죠. 그러니까 처음에 "해군을 오라"고 그랬다가 다시 돌려보내고 그랬었던 그런 거는….

황병주　　　그거까지는 잘 모르겠어요. 그거는 이제 뭐, 그 뭐 처음엔 이야기 나왔던 통영함인가가 오기로 했는데.

면담자　　　네. 여러 가지 또 이야기들이 있었어요, 그 당시.

황병주　　　그때 여러 가지, 지금 밑에 오가는 뭐. "대통령이 했느냐?", "무슨 국방부 장관이 했느냐?" 뭐 그러잖아요.

면담자　　　그럼 금호 바지에 있을 때도 해군은 있었던가요? 공기통으로?

황병주　　　네, 했어요. 해군 했어요, 했는데 별 성과 없었죠.

면담자   알겠습니다. 여기가 10시에 문을 닫는대요. 오늘 일단 초기에 하신 거는 저희가 다 들은 거 같구요. 이제 다음에 이후의 치료, 그다음에 보상 이후에 어려운 점, 주변 관계를 지금 다 하기는 조금 힘든 거 같아요. 그러니까 다음에 한 번 더 하시는 걸로 하시죠. 괜찮으시겠어요?

황병주   네, 괜찮습니다.

구술자   그러면 오늘은 여기까지 하도록 하겠습니다. 긴 시간 감사드립니다.

2회차

2016년 12월 26일

1
시작 인사말

면담자   본 구술증언은 4·16 사건에 대한 참여자들의 경험과 기억을 기록으로 남김으로써 이후 진상 규명 및 역사 기술에 기여하고자 합니다. 지금부터 잠수사 황병주 씨의 증언을 시작하겠습니다. 오늘은 2016년 12월 26일이며, 장소는 부천역 인근 스터디카페 더 위너입니다. 면담자는 이현정이며, 촬영자는 김솔입니다.

2
수색 과정에서 부상과 치료 지원 문제

면담자   지난번 1차 구술을 하시고 나서 '아, 이때 이 말을 했어야 했는데 내가 이 말을 못 했구나' 혹시 이런 게 있으셨는지요?

황병주   아니요. 뭐… 하여튼 거의 대부분 다 한 거 같아요, 다. 빼먹었다 이런 건 잘 모르겠어요.

면담자   네. 그러면 오늘 2차 구술에서는 참사 이후에 이제 2년 반 남짓 시간이 흘렀는데요, 그 이후에 이제 쭉 오랜 시간을 겪으시면서 어떤 경험들이 있으셨는지, 어떤 힘든 점이 있으셨는지, 이런 점을 중심으로 저희가 구술을 하도록 하겠습니다. (황병주 : 네) 첫 번째 질문은 수색 과정에서 부상 같은 게 혹시 있으셨는지 하는 겁니다.

황병주   네. 수색 과정에서 어… 왼쪽 어깨에가 이제 그… 염증이 생겼어요, 인대가 늘어나서 왼쪽에. [세월호 현장] 거기서도 어깨가 아파 갖고…, 나중에 물리치료사들이 왔었거든요, 계속 물리치료를 받고. 또 인제 병원에서도 계속 물리치료 받고. 그리고 왼쪽 어깨에 염증이 있어서 음… MRI 찍으면 그게 나오고요. 하여튼 거기서도 왼쪽 어깨 때문에 많이 힘들어했었고, 나와서는 병원에서 이제 MRI도 찍으니까 골괴사, 오른쪽 어깨는 골괴사가 나왔고.

그리고 저는 저번 때도 말씀드렸지만 제가 "신장이 안 좋았다"고 그랬잖아요. 신장이 안 좋은 게 나와서 병원에를 다시 갔더니 그 기간 동안에 어… 굉장히 많이 나빠졌어요. 3개월 동안에 그 나빠진 게, 그 전에 계속 쭈욱 계속 그걸 유지하다가, 거기서 많이 나빠졌다가 급작스럽게 그 많이 나빠진 게 그 뒤로도 [나빠진 채로] 계속 그대로 있는 거예요. 그거는 이제 저희가 OBS에서 취재를 했어요. OBS에서 트라우마[에] 관해 취재를 하면서 그것도 이제 방송에 나갔거든요, 그게. 그쪽 병원 교수하고 아마 인터뷰를 해서 이런 그 상황, "그때 명백히 나빠진 거다" 했는데, 이걸 보상을 그걸 했잖아요. 보상을 해주기로 했잖아요. 보상을 해주기로 했는데, 트라우마에 관해서만 해주고 나머지는 다 안 됐더라구요. 그래서 뭐 해경에 전화를 했더니 "원래 지병이 있어서 인과관계가 없다고 판단이 됐다" 이렇게 이야기를 하더라고요. 그래서 "그러면은 내 자료를 제출한 걸 봐라. 신장내과 전문의가 소견서를 그렇게 했는데, 소견이. 그거를 누가 어떤 사람이, 어떤 의사가 그걸 심사를 했느냐?" 했더니 "그거는 밝힐 수가 없다"고 하더라구요. 그러면 "신장내과 전문의가 심사를 했느냐?" 했더니 그건 아니라는 거예요. 그러면 신장내과 전문의가 거기에서 이만큼, "원래 있는 그 지병이 있더라도 악화가 됐으면 해줘야 된다"고 돼 있어요, 법에. 그래서 "[그 시기에] 악화가 이만큼 됐다"고 해서 신장내과 전문의가 그렇게 소견서를 했고 의무기록[도] 다 가지고 갔어요. "그런 기록이 다 있는데 어떻게 그렇게 판단을 할 수 있느냐?" 했더니 해경에서 하는 말이 "그러면 이의신청을 하시죠" 이렇게만 이야기를 하는 거예요.

이의신청을 했는데, 하기는, 이의신청 하기는 했는데, 하여튼 그게 반영이 안 됐고. 그리고 골괴사, 골괴사도 반영이 안 됐어요. 골괴사 있는 사람들 전체가 다 반영이 안 됐어요. 골괴사는 어… 저번에도 말씀드렸지만, 골 관절이 안에서 인제 썩어들어 가는 거거든요. 그래서 그러면 날씨가 안 좋으면 아프고, 팔 뒤로 뻗으면 아프고, 많이 아픈 사람은 저녁에 수시로 그래서 잠 못 잘 정도고. 그런데 인제 골괴사는 진행이 이제 된 거죠, 이미. 한 5기까지 있다고 그러면 저 같은 지금 경우는 3기 정도 되고, 4기 정도 된 사람도 있고, 거의 5기가 다 된 사람도 있고. 그런데 언젠가는 수술을 해야 돼요. 인공관절을 넣어야 해요, 언젠가는. 근데 다이빙을 안 하면은 이 상태에서 또 멈출 수도 있어요. 또 진행도 될 수 있어요. 이거는 그니까 어떻게 될지 모르는 거예요. 근데 다이빙을 한다고 그러면 조금 진행이 되는 거고, 잠수를 안 하면, 여기서 멈추고 있으면 진행이 안 될 수도 있어요, 이 상태로. 그래서 또 의사들이 하는 말이 "진행이 안 된다고 그러면 안 되고 여기서 멈추고 있다고 그러면 인공관절을 안 넣어도 될 수도 있다" 이런 말도 하더라구요.

그런데 결론적으로 나이 많고 또 하면 진행이 거의 다 대부분 된다고 봐야 되겠고, 자연으로도 되고 잠수[를] 함으로 더 빨리 되고. 근데 이제 그것 때문에 그… 잠수병으로 그러니까 산재에서, 산재에서 이걸 산재 처리를 하게 된다 그러면, [만약에] 인공관절 수술하고 그러면, 산재에서 [지급되는 게] 병원가고 인공관절하고 이제 휴업급여, 이런 거 [다] 하면 산재는 총 그게, 인제 나오는 게 한 1억 4000 정도 나와요. 근데 아예 안 돼 있어요. 아예 빠졌어요. 왜 빠졌냐 했더니 음… 골괴사는 잠깐, 그러니까 오랫동안 잠수를 해서 나오는 병이기 때문에 여기서는 "인과관계가 없다" 이렇게 나오는 거예요. 근데 그 [원래] 산재에서는 어떤 기준을 잡냐면 직업병이기 때문에, 골괴사는 직업병이기 때문에, 잠수사로서 직업병이기 때문에 안 나올 사람도 있겠지만 나오면 직업병이기 때문에 "마지막 현장에서 책임을 져줘야 된다" 이렇게 되어 있어요. 그러니까 마지막 현장에서 그 산재를 받았던 사람들이, 후배들이나 선배들이 많은데, 받았던 사람들이 하여튼 마지막 현장에서 자기가 많이 아파 가지고 병원에 가서 MRI 찍고 하면, 골괴사가 나오면, 그 회사에서, 그 현장에서 산재를 처리해 주거든요.

그래서 지금 그것 때문에 저희들이 인제 한 일곱, 여덟 명이 골괴사가 나왔어요. 이제 전국에 소문이 다 난 거예요. "어, 잠수사, 세월호 잠수사들 골괴사 있다더라" 그러니까 이제 그런 것 때문에 어떤 현상이 생겼냐면, 현장에서 요즘에, 자기네들도 골괴사 있는 사람 [같이] 일하면 안 되잖아요, 앞으로 자기네들이 책임져 줘야 하니까. 물론 세월호 잠수사들은 현장에 잘 안 받아주기도 하지만, 그런 것 때문에, 아닌 사람들도 지금은 인제 "MRI 찍어오라" 하는 거예요, 다.

면담자   잠수사들이 이제 어디 현장에 들어갈 때요?

황병주   네. 큰 현장 들어가면, 작은 현장들은 말고 큰 현장 들어갈 때 다 "MRI 찍어와라" 그런… (면담자 : 관행이) 그 관행이 거의 새로 생기다시피 한 거예요. 그래서 골괴사가 안 된 거 전혀 반영 안 해주고, 그리고 이제 치료비를 보상을 어느 정도, 1000만 원에서 4000만 원까지 해줬어요. 1100만 원에서 4050만 원까지 해줬어요. 저는 어… 트라우마가 인제, 그것도 트라우마 그것도 자기네들이 병원 기록 뭐 이런 거 갖고 진단해 줬는데 1050만 원이 9급, 2100만 원이 8급, 4050만 원이 7급이에요. 저는 그나마 7급을 받았어요. 7급이 다섯 명인가 받은 거 같더라구요, 그 저거 중에.

3
트라우마 진단 및 치료 경험

황병주   트라우마 같은 경우에, 저 같은 경우에는 트라우마가 그… 엄청 심했었거든요. 지금은 굉장히 많이 좋아졌어요. 그래서 저는 그 이런 말 많이 했었어요. 그 "의사가 꼭 수술을 해서 사람을 살리는 건 아니더라" 그런 말을 했었는데…, 제가 작년에, 작년이죠, 작년에 한 9월 여름 이후부터 [상태가 많이 안 좋았는데], 트라우마 치료를 제가 언제부터 받았냐면 11월 정도부터 받았을 거예요. 그사이에, 그사이에, 여름부터 그사이에 이제, 그 전에도 처음에 인제…, 그 이야기부터 해드릴게요. 처음에 배에서, 배에서 설문조사를 했어요. 설문조사를, 설문조사를 다 하더라구요, 우리[를]. 그게 "뭔 설문이냐?" 했더니 "트라우마 관한 거다"라고 그러더라고요. 트라우마? 처음 들어본 이야기잖아요. (면담자 : 언제요?) 그때가 아마… 6월 초쯤 됐을 거예요, 6월 초쯤. 거기에 범대본에 그… 트라우마, 거기 진도에 트라우마센터가 꾸려졌는가 보더라구요. 그래 가지고 전[남]대 교수들이, 전대 교수들이 그… 윤상일 교수라는 분하고 배경렬 교수님 두 분이 오셔서 바지에 올라왔었고, 그 "설문지 한 5, 6페이지, 5, 6장 정도를 설문지를 조사한다"고 그래서 "체크 좀 해달라"고 그러더라고요. 그래서 뭐 그냥, "현재 심리 상태가 어떠냐?" 이런 거 있잖아요, 그래서 해줬어요. 그랬더니…, 그리고 한 6월 한 중순 넘었나 봐요, 그때가. 그러고 이제 얼마 안 있다가 우리가 [시신 수습 현장에서] 나오게 됐잖아요. 거기서 타의에 의해서 나오게 됐잖아요. 나와갖고 병원에 있는데, [해경이] "병원에 가라" 해서 병원에 있는데, 병원에 있는데….

면담자   그때 바로 삼천포병원으로 가셨나요?

황병주   네. 삼천포로, 삼천포로.

면담자   그러면 잠시만요. 그러니까 잠수사님이 몇 월 며칠부터 몇 월 며칠까지 바지 위에 계셨던 건가요?

황병주   4월 20일부터요, 7월 10일 날 나왔죠. 10일 날 나왔죠. 7월 10일 날 저녁때 삼천포병원에 갔어요, 10일 날 저녁에. 그래서 병원에 있는데 어… 범대본에서 전화가 왔더라구요. 진도에, 진도체육관에 가서 트라우마 치료를 받으라고. 그래서 "무슨 트라우마 치료냐?"고, "안 받는다"고 안 갔어요. 그때 나만 온 게 아니라 몇 명한테 전화가 왔는가 보더라고요. 그래서 안 가니까 병원으로 왔어요, 그분들이. 전대 교수들, 두 분이 오셨더라구요.

면담자　　　삼천포병원이요?

황병주　　　네, 병원으로 오셨더라구요.

면담자　　　맨 처음에 이 트라우마 이야기를 했을 때는 6월이고, (황병주 : 네) 그렇죠? 그리고 이제 현장에서 나오고 나중에 삼천포병원에 가신 다음에 그분들이 오셨던 게.

황병주　　　7월 20일경에나, 아니 십 며칠경에 오셨을 거예요. 저희 10일 날 갔는데 한 일주일 정도나 있다가 오신 거 같아요. 그래서 다시 또 설문지를 또 하더라구요, 다른 걸로요. 그래서 또 했어요. 그랬드니 몇 사람을 고르더라고요. 그러더니 몇 사람은 어… 거기 뭐야, 저쪽 진도, 거기 가서 [치료]받기 너무 머니까 "전대병원[전남대병원]으로 좀 오셔라. 여러분들이 그냥 이렇게 만나고 하면 아마, [트라우마 치료를] 하시는 게 좋을 거 같다". 그리고 그분들이 하는 말이 자기네는 광주 5·18[민주화운동] 이후, 이제 그런 걸 많이 [해왔다고] 이야기하고 그러시더라구요. "다른 거 신경 쓰지 말고 그냥 병원 좀 와라. 와라, 병원 와라" 그래서 이제 우리도 좀 겁나잖아요, (웃으며) 의사가 그렇게 막 이야기하니까. 몇 사람을 이렇게 정해주더라고요. 그 몇 사람이 "가겠다"고, "가보겠다"고 그리고 거기에서, [삼천포]병원에서 이제 시간을, "우리 전대병원을 가야 된다고 나오라고 한다. 몇 사람 좀 가겠다" 하니까 병원에서 "다녀오시라"고.

면담자　　　전대병원으로 바로 가셨어요?

황병주　　　네, 그래서 전대병원으로 갔어요. 전대병원으로 가니까 거기에서 이제 어… 상담을 하고, 이제 상담하면서 뭐 그런 이야기 쭉 하시더니.

면담자   그게 몇 월인가요?

황병주   그게 7월이죠.

면담자   그러면 7월에 삼천포병원에 있다가 완전히 퇴원을 하고 가신 건가요?

황병주   아뇨, 아뇨. (면담자 : 중간에?) 네, 중간에 이제 병원에서 휴가 내고. 그래서 삼천포병원에, 아니 전대병원에 가서, 가니까 이제 뭐… 거기에 대한 검사를 하더라구요.

면담자   미리 예약을 하고 가신 건가요?

황병주   그렇죠, 거기서 다 예약해 줘서. 가니까 기계로 이제 뭐 막 이런 데 붙이고 이렇게 검사를 하더라구요. 무슨 반응 검사라나, 어쩐다나. 그거 무슨 검사라고 그랬는데? 그 검사를 다 했어요. 거기에 이제 스트레스 척도, 우울 척도 이런 게 나오는 거 같더라고요, 무슨 충동, 자살 충동 이런 거 다 나오고. 그래서 검사 끝나고 이제 약 처방하고. 일주일에 한 번씩 갔어요, 일주일에 한 번씩….

면담자   삼천포에서 광주까지요?

황병주   네, 광주를 일주일에 한 번씩. 일주일에 한 번씩 갔나? 처음에는 아마 일주일에 한 번씩 간 거 같아요, 일주일에 한 번씩.

면담자   몇 분이 같이 가셨나요?

황병주   네 명인가? 다섯 명인가, 네 명인가 간 거 같은데.

면담자　　　그때 삼천포병원에 잠수사분이 모두 몇 명 정도 계셨나요?

황병주　　　18명이 있었죠.

면담자　　　그러면 18명 중에 다른 분들은 왜 안 가셨나요?

황병주　　　그러니까 거기에서.

면담자　　　아, 삼천포병원에 와서 검사를 하고 황 잠수사님 포함한 네 명만 치료를 받으러 오라고 한 거군요.

황병주　　　네 사람만. 아, 다섯 사람이다. (면담자 : 다섯 사람) 아, 또 한 명 있었어요. 그 친구는 [치료를] 받으라고 그랬는데 아예 안 갔었어요. 아예 안 갔는데 그 친구는 자살했어요. 여기 여기에는 안 나오고, 그 친구는 물론 뭐 "다른 일로 자살을 했다"고 그러는데, 지금 우리 여기에 전혀 이야기를, 가족들이 "이야기 그런 거 하지 말자"고 그래 갖고.

면담자　　　형, 동생 같이 잠수하시는 분, 형이죠?

황병주　　　네. 그래서 그 친구도 "같이 받으라"고 그랬었거든요. 그 친구는 아예 무시하고 아예 안 받았거든요. 그리고 있다가 6개월인가, 7개월인가 있다, 하여튼 뭔지 모르지만 자살을 했어요.

면담자　　　그분은 왜 안 가신다고 그랬었나요?

황병주　　　별로 뭐 음… 못 느꼈나 봐요. 자기는 안 가야겠다고 생각했는지, 뭐 하여튼 내가 뭐 안 그래도 한번 "야, 거기 가야 하는 거 아니냐?"고 했더니 "아, 괜찮아요" 이런 식으로 얘기하더라고요. 그래서 하여튼 뭐….

면담자   그래서 전대에서 일주일에 한 번씩 치료를 받으시고.

황병주   일주일에 한 번이었는지, 2주일에 한 번이었는지, 15일에 한 번이었는지, 하여튼 나중에는 한 달에 한 번이었어요. 처음에는 일주일에 한 번이었는지 정확하게 그 기억이 없는데요. 어… 일주일에 한 번이었던 거 같은데, 우리가 여러 번 갔으니까요. 그리고 그해 12월 달까지, 그니까… 아, 일주일에 한 번씩을 다니다가 [삼천포병원에서] 퇴원을 했어요, 우리가. 두 달 있다가, 9월, 9월 한 중순쯤에. 그러고 나서는 각자 흩어졌잖아요. 그러니까 못 가니까, 한 달에 한 번씩 만나서 갔어요. 서울에서 만나서 그때 KTX 타고 내려갔죠, 광주로. 그리고 12월 달까지 가고, 12월 말에 중단돼 버렸죠, 인제. 치료가 이제 중단돼 가지고 안 해준다고 하니까 안 간 거죠. 그리고 그때 당시에 이제… 거기 전대 교수분이 치료 중단하는 걸, 자기네는 "자기는 지금 반대 의견을 계속 낸다. [치료를 계속]해야 된다, 앞으로. 근데 [여기는] 중단됐는데 일반 병원이라도 다닌다면 소개를 해줄게" 그러더라구요. 그래서 "나, 안 다닐게요" 그때도 [상태를] 잘 모르겠더라구요.

면담자   그분이 어느 교수님이셨어요?

황병주   배경렬 교수님, 배경렬 교수님이. 그래서 그냥 "괜찮은 거 같애요" 하고 12월 달까지[만 다녔죠].

면담자   그때는 안산 정신건강트라우마센터는 모르고 계셨던 건가요?

황병주 　　　제가 말씀드릴게요, 조금 있다가. 그래서 이제 안 갔어
요. 안 가고 치료도 안 받고, 이제 아무것도 안 하고 있었죠. 그랬는데
한여름 되기 전부터 약간 제가 인제 '좀 안 좋다'는 걸 느끼게 되더라
고요. 하루 종일, 일어나면 멍하니 다른 생각도 안 들고.

면담자 　　　작년 말씀하시는 거죠, 그죠?

황병주 　　　그렇죠, 작년. 그러고 이렇게 어떤 생각이 난다라기보
다 내가 왜 이렇게, 살 의미가 없어지는 거예요, 자꾸. 살고 싶지 않다
는 생각, 고 생각이 계속 반복이 되면서 그게 이제 10월 달, 11월 달은
그게 엄청 이제 심해지고. 어⋯ 한 9월 달, 10월 달, 10월 달 즈음이
됐을 거예요. 그게 심해져서 밖으로도 말을 안 하게 되고, 하여튼 표
현도 못 하고⋯. 같이 만나갖고 있으면, 뭐라 하면 그냥 계속 울고, 하
루 종일 그렇게 생활이 된 거예요. 그러고, 그러고 있으면서 특조위
[4·16 세월호 참사 특별조사위원회] 그때, 그때부터 특조위에서 아마, 여
름 지나서부터 아마 특조위에서 관심을 가져줬을 거예요. 우리 재판
건 때문에 이야기를 하다가 특조위에서 "잠수사들을 한번 만나자" 그
래서 특조위를 한 몇 번 갔었어요. 갔더니, 그때가 갔는데 10월 달쯤
됐을 거예요. 10월 달, 11월 달 가까이 됐나 보다. 그때, 마지막에, 맨
마지막에, 지금도 기억나는 게, 오지원 과장이, 특조위의 오지원 과장
이 우리 만나고 이제 같이 미팅을 하고 끝났는데 잠깐 저 좀 부르더라
구요. "아버님, 저 좀 보시죠" 그래서 [갔더니] "트라우마 치료를 좀 받
으시는 게 어떻겠어요?" 그러더라고요. [그래서] "지금 어떻게 받냐?"
고⋯. 아, 그거 일단, 참 그 이야기부터 해야겠다, 안산 이야기. 안산
에 여름에 갔었어요.

면담자　　　작년 여름에요? 2015년 여름에요?

황병주　　　네, 여름에. 그러니까 14년도 12월 달까지 [트라우마 치료를] 받다 안 받으니까 여름에, 그게 이제 여름되기 전부터 그런 게 이상하게 느껴지니까 그 죽은 관홍이가, 관홍이가 [세월호] 가족한테 인제, 관홍이가 그때 당시 가족들하고 소통을 하고 그랬으니까. (면담자 : 좀 가까웠죠) 관홍이가 가족한테 이야기를 했어요. "우리 안산에 트라우마 치료를 좀 받게 해주세요" 가족한테 이야기를 한 거예요. "상태가 안 좋습니다" 그러니까 가족이 이야기를 해줬어요, 안산에다. "그럼 한번 와봐라" 그래서 갔어요. 여름에 네 명이서 갔어요, 네 명이서.

면담자　　　그때 그 네 명이 누구누구셨나요?

황병주　　　김관홍, 한재명, 강유성, 그리고 저, 이렇게 네 명이 갔어요.

면담자　　　이 분들이 그러면 예전에 전대에서 치료를 받을 때도 같이 받으셨던 분들인가요?

황병주　　　거기서 한 명 더 있어요, 하규성이라고. (면담자 : 하규성이요?) 네, 하규성이라고.

면담자　　　이 네 분이 안산 정신건강트라우마센터에 가셨군요.

황병주　　　네, 갔어요. 갔더니 거기서 또 뭐 검사를 하더라구요, 조동희, 그때 이제 거기 선생님, 조동희 씨가. 그래서 거기서 이제 또 검사 좀 하고…. 전 그때는 상당히 많이 안 좋은, 저는 많이 안 좋은, 그때도 많이 안 좋을 때거든요. 이제 뭐 하여튼 조금 이야기하고. (면담

자 : 7월인가요?) 그때가 7월인지 8월인지 모르겠어요. 8월 같은데요?

그래서 다들 지금 잠도 못 자고 하니까 어… "일단 약을 줘라. 잠 좀 자게, 우리" 그랬더니 "안 된다" 하더라구요. "처방을 해줄 수 없다. 여기서는 피해자만 된다. 잠수사들은 피해자에 포함이 안 되기 때문에 안 된다. 그 대신에 우리가 트라우마센터 운영을 하고 있으니까 와서" 뭐 프로그램 있대요, "프로그램 같이 소화하면 어떠겠느냐?" 그러더라고요, 그래서 "가족들하고 해야 되는데요?" 그랬더니 "뭐 같이 하면 어떠냐?" [그래요]. "그거는 아니다. 가족들하고는 솔직히 말해서 싫고, 가족들하고 상황이, 가족들 나름대로 가족의 아픔이 있는 거고 우리는 우리 나름이 있는데, 그건 말도 안 된다. 안 오겠다, 우린" 그러고 그냥 왔어요. 그냥 왔는데 계속 전화가 오더라구요. "그러면 와서 뭐 물리치료나 이런 거 받으라"고, 그래서 "물리치료 받으라"고. 내가 그랬어요. "여보쇼, 내가 물리치료 받으러 안산까지 가야 되겠냐?"고, "물리치료 내가 받을 이유가 뭐가 있냐?"고, "안마받으려면 여기서 받지 뭐 거기까지 가겠냐?"고 안 갔어요. 안 가고 있다가 인제 그 아까도 10월, 11월 달쯤 됐을 거예요, 이제. [특조위 미팅] 끝났는데 오지원 과장이 "잠깐 보자" 그래요. 그러더니 "저거 좀 받으면 어떻겠냐?"고 그랬는데 그때 당시에는 진짜로 안 좋았거든요, 제가. 저 어… (잠시 침묵) 자살을 하러도 갔었고, 장소도 물색하려고 갔었고, 우리 다른 잠수사들한테 유서도 썼었어요, 전.

면담자   네… 김상우 잠수사님께 드렸다면서요.

황병주   네, 네. 그래 갖고 그때는 이제 제가 너무 안 좋아지니까 뭐, 눈만 뜨면 하여튼 그 생각밖에 안 들더라구요, 하루 종일 다른 건 생각 안 들고.

면담자   그게 2015년 여름인가요?

황병주   여름서부터.

면담자   여름서부터, 쭉.

황병주   여름서부터 쭉 계속. 그래서 그러고 있는데 그다음에
이제 얼마 안 있다가 정혜신 박사님 모시고 왔죠, 특조위에 같이.

면담자   어디서 만나셨나요?

황병주   처음에 특조위 사무실에서요. 특조위 사무실에서, 갔더
니 첫날은 특조위 사무실에 회의실 하나 내주더라구요, 회의실을 하
나 그….

면담자   그게 몇 월 며칠인지 혹시 기억이 나시나요?

황병주   12월 달인 거 같아요.

면담자   12월이요?

황병주   12월일 것 같아요. 12월 며칠이라는.

면담자   그러면 한 6개월 정도는 혼자 꾹꾹 참고 계셨던 거네요.

황병주   그렇죠, 네. 한 6개월, 6개월이 아니죠, 1년 가까이, 1년
정도죠, 1년. 그러니까 처음에는 안 그러더니 여름서부터 그게 막 (면
담자 : 심해지고) 심해진 거죠. 그러니까 거의 정혜신 박사 만나기 전,
거의 최고점까지 간 거 같더라고요. 그때부터 이제, 근데 사실 솔직히
말해서 처음에는 무슨, 저거를 안 가더라고요, 신뢰가 안 가서.

면담자   왜 신뢰가 안 가셨어요?

황병주   아니, 그게 이제 대화하고 오는데 도대체 나는 처음엔, 나만 그런 게 아니라 다 신뢰를 못 하더라고요. (웃음)

면담자   (웃으며) 왜요, 어떤? (황병주 : 그러니까) 보통 의사들하고 다른 느낌인가요?

황병주   그렇죠. 그리고 우린 그거 할 때 이제 약 먹고, 일단 약 좀 먹어야 될 거 같은데, 이제 그분은 "약으로 요런 [치료]할려면 안 된다", "마음의 병인데 어떻게 약으로 다스리냐? 마음을 다스려야 된다" 이제 그런 주장을 하시더라구요. 진짜로 처음에 한 번 만날 때는 "왜 여기서 같이 이야기를 했지?" [하고 생각했는데], 근데 모르겠어요. 그날 많이 울기는 했어요.

면담자   그러면 한 분, 한 분 하셨나요?

황병주   아니요, 같이.

면담자   네 명이 같이.

황병주   네, 같이, 같이. 이렇게 어떤 주제를 하나 놓고 이제 같이 이야기하고.

면담자   정혜신 박사님은 혼자 오시고요.

황병주   네, 혼자 오시고. 전체가 다 촬영돼 있어요, 그게. 그래서 인제, 하여튼 뭐 첫날부터 저는 그래도 제 마음을 완전히 열었었어요. 나는, 일단은 '나는 의지를 해야 되겠다' 하고 뭐 이제 첫날부터 해서 저는 마음을 완전히 다 열고, 막 있는 이야기 없는 이야기 다 했죠. 근데 그거를, 계속 마음[을] 못 연 친구도 있긴 있었어요. 그 친구는 더 계속 보니까 신뢰를 못 하더라고요, 계속. 근데 그러고 나서 한… 처음에는 몰랐고 한 두 번? (잠시 멈춤) 두 번, 그러니까 매주 월요일 날 했었거든요? 매주 월요일 날 우리가 2시에 만났나?

면담자   12월부터 매주 한 번씩?

황병주   네, 매주 월요일 날. 월요일 날 2시에 만나서 6시쯤 이제 끝났어요.

면담자   특조위 사무실에서요?

황병주   아니요. 첫날만 특조위 사무실에서 하고, 특조위에서 명동성당에다 방을 하나 해줬어요, 월요일만 쓰는 방으로. 그래서 그다음부터는 명동성당으로 갔죠. 특조위에서 계속했으면 좋은데 또 반대, 특조위원들이 반대하는 사람이 있대요. 그거를 반대하는 사람들이 "왜 여기, 잠수사들이 여길 [이용]해야 되나?" 반대하는 사람도 있어가지고 특조위, 그 피해자 지원과에서 그쪽에 방을 얻어줘서, 거기 가서 이제 했죠. (웃으며) 진짜로 2주하고 3주째 되니까 저는 느끼게 된 거 같더라고요. 다른 건 다 모르겠는데, 뭔지는 모르겠는데 기다려져요, 그다음 주가 기다려져요. 그다음 주가 기다려져요. 하여튼 다른 건 잘 모르겠고, 그다음 주가 끝나고 그다음 주가 기다려지더라고요. 그래서 진짜 열심히 잘 다녔어요. 한 번도 안 빠지고 갔었어요.

면담자   총 몇 번 정도 가셨나요?

황병주   4월 달까지요.

면담자   4월 달까지요? 그 전년도 12월부터요? 그러면 한….

황병주   네, 4월까지, 4월 15일까진가 했어요.

면담자   한 5개월 정도 하셨네요. 한 20번?

황병주   그 정도 될 거예요. 몇 번인지는 정확히 모르겠어요. 한 두 번은, 한두 번은 못 한 날도 있었을 거예요, 못 한 날도. 여러 가지 일로 해서 여러 사람이 한꺼번에 빠진다거나 그러면, 한 번 정도는 [못 한 날도] 있었던 거 같아요. 그러고 나서 저는 진짜 많이 좋아졌어요. 진짜로 많이 좋아졌어요. 이렇게 어디서, 이렇게 이야기를 할 수 없었 어요, 도저히. 그러고 나서 이제 다른 데, 저도 이제 그다음부터는 우리 잠수사 일도 [둘레]보게 됐고, 해서 뭐 그렇게 된 거죠. 그 전에는 전혀 엄두도 못 냈고, 할 수도 없었고.

면담자   정혜신 박사님이 많이 도와주신 거네요.

황병주   네, 엄청, 전. 그래서 그래요, 그런 말, 아까도 말씀드렸 듯이 "저 살려주셨다"고.

4
치료 보상 문제 그리고 당시 계약 과정

면담자   그 치료 보상은 언제부터 시작됐고 보상이 늦어지는 그 기간 동안은 치료비 문제는 어떻게 해결하셨나요?

황병주   치료 보상 관계는 그때 이제 [해경에서] "바로 한다"고, "해준다"고 그랬죠, 끝나고 나서. 그러니까 병원에서 해경청장이 와서 어… "산재에 준하는 보상을 해줄 거니까".

면담자   삼천포병원에서요?

황병주   네. "산재에 준하는 보상을 해줄 테니까 걱정하지 말고 여러분은 서류 만들어서 내세요". 그다음 날인가, 다음 날 바로 왔다니까요? 해경 담당자, 경감 하나하고 산재보험 근로보험복지공단 부장하고 와서 쭉 다 설명하고, 이렇게 하고 "빨리 서류 만들어서 내세요". [그래서] 우리는 서류, 병원에서 만들어서 냈죠. 근데 이제 도청에서, 전남도에서 담당자가 뭐 "법적 근거가 없다" 이렇게 해가지고 안 해준 거죠. 안 해줘서 그게 계속 이제 "해주니, 안 해주니" [했거든요]. 가서 우리가 또 전남도청 내려갔더니, 기자들하고 내려가고 하니까 또 담당자가 나와서 "빨리 처리해 줄게요" 하더니, 이 사람이 빨리 처리한 게 아니라 법제처에 의뢰를 해가지고 법제처에서 "니네들끼리 다시 한번 일단 합의해라. 이건 법적으로는 안 된다. 근데 여러분들끼리 다시 한번 해경하고 합의를 봐라" 이랬더니 해경에서는 "우리가 재원을 줄 거니까, [도청] 니네가 좀 해주라" 계속 그러는데, 해경은 또, 도청은 지자체니까 "법적 근거가 없으니까 안 된다" 그러니까 그러고 있는데, 해경에서 "그러면 안 된다고 하니까 의사상자를 신청하면 될 거 같다. 의사상자로 신청을 해라" 그래서 보건복지부에다 의사상자 또 신청을 했죠. 했는데 어… "직무이기 때문에 안 된다" 그, "돈을 받았다"고 그래서 또 일단 빠꾸 맞았어요. 빠꾸 맞았더니, 맞았는데 다시 또 한 번 이제 이의신청을 했죠. 근데 또 빠꾸 맞았어요.

면담자　　　　지난 1차 구술 때 돈과 관련된 이야기를 하다가 말았는데, 그러면 언제부터 계약서 비슷하게 쓰시고 어떤 보수를 받고, 그런 걸 언제부터 그렇게 하시게 된 건가요?

황병주　　　　계약서는 안 썼어요.

면담자　　　　아, 계약서 안 쓰셨어요?

황병주　　　　네, 끝날 때까지도 계약서를 안 썼어요. 6월 달, 한 5월 말쯤 되니까요. 그때 그랬을 거예요, 5월 말쯤 됐을 거예요, 이제. 벌써 한 달이 넘었잖아요, 그래 갖고 우리가, 저 같은 경우는 4월 20일 날 들어갔으니까. 그니까 해경에서 "돈을 준다" 어쩌고 그러더라고요. "돈을 줄 거니까 여러분들이 얼마나 받을 건지 합의를 해서 갖고 오세요" 그렇게 얘기했나 봐요. 그래서 우린 돈을 준다니까 그러면은, 뭐 처음에는 그게 기간이 짧아지니까 돈 이야기 안 하더니 길어지니까 어떻게 할 건지, 이제 서로가 인제 그런 게 조금씩 이야기가 되고 있고, 그때 당시에는 상황이 정비도 많이 되고 있고, 그때 당시.

면담자　　　　그렇죠. 여러 달이 지났으니까, 이미.

황병주　　　　처음에는 막 시신이 계속 나오고 이제 수습을 하다가, 이제 안 나오는 날이 많아지고 이제, 잘 없으니까요, [시신을] 찾기 힘드니까. 그러니까 [돈을 준다는] 그런 말이 나오니까, [이제] 그런 말들을 할 수도 있는, 하는 과정이 된 거예요. 한번 다 모였어요. "얼마를 받으면 좋겠냐?" 서로가 말을 다 못 하는 거예요. 우리는… 거기서 그런 것도 있는 거죠. 돈 받으려고 안 왔는데 찝찝한 거, 이런 거 때문에 다 말을 못 해서. "그래도 받기는 받아야 되는 거 아니냐?" 이렇게 된 거예요. "그러면 얼마를 받으면 좋을까?" 이렇게 하니까 "얼마를 받을까?" 다 말을 못 하고 다 있는 거예요. 누가 얼마, "한 7, 80만 원 받으면 어떠냐?" 이제 그런 말이 나오니까.

면담자   지난 1차 구술 때 어디에서 재난 구조, 뭐 외국 사례와 비교하고 하다가 한 90만 원….

황병주   그때까지는 몰랐어요, 그때까지는 우리는 그거는 잘 몰랐어요. 그러니까 뭐 "7, 80만 원 받으면 어떠냐?" 그러니까 또 어떤 친구는 "80만 원 받으면 너무 많은데, 잘못하면 우리 욕먹습니다" 또 그런 친구도 있었고, 결국은 결론을 못 내렸어요. "우리는 아직 모르겠다" 이렇게 [전달]했는데, 아마 이제 그때 언딘에서 그걸 해줬나 봐요, 중재를, 언딘에서. 우리는 그때 당시 그런 국제수난구호법이 있는지도 몰랐어요. 언딘에서 "국제수난구호법이 있다. 국제수난구호법에 하루에 1300불을 받게 돼 있다, 수난 보호 비용이". 그런데 우리가, "1300불을 니네가 여기서 받으면 너무 많으니까 100만 원씩 얘기해 줄게" 이렇게 된 건가 봐요. 그것도 직접 우리한테 이야기 안 하고, 위에, 우영이 형한테 이야기를 했나 봐요. 그리고 관장하고 있는 그 유성수중, 그쪽 사장한테랑 이야기를 했나 봐요. "그렇게 해줄게" 그러니까 "뭐 그러면 그렇게 해줘라" 그러면서 우리한테 연락이 왔어요, "100만 원씩 해준다"고. 그래 가지고 우리는 깜짝 놀랐죠, 솔직히 말해서.

면담자   그러면 그게 처음 오실 때부터 계산을 해주는 건가요, 아니면 그날부터?

황병주   처음 오는 날부터. 각자 오는 날로 계산해서, 각자 오는 날로 계산해서. 그래서 이제 뭐 "알았다"고 그럼. 그리고 이제 그걸, 그러니까 "100만 원 주면 국민 정서상 세 자리 수는 많다. 98만 원으로 하자" [해서] "알았다"고 그래서 받은 거죠. 6월 말인가? 아마… 그랬어요.

면담자   그러면 그때 6월 말에 그 전부터의 기간을 정산해서 한 건가요?

황병주   네, 정산해서. 그러니까 정산해서, 날씨 나빠서 일 안 한 날은 빼고, 또 내가 개인 사정으로 병원 간 날 빼고.

면담자   하지만 그것을 위한 계약서라든지 뭐 그런 걸 쓴 적은 없고요.

황병주   전혀 없죠. 계약서를 썼으면, 계약서를 썼으면 우리가 이렇게 못 하죠. 계약서를 안 쓰고 그렇게…, 쓸, 계약서 쓴다는 거를 생각도 못 한 거지만, 네.

면담자   그렇죠. 굉장히 좀 애매한 그러한 상황이네요. 그러니까 어떤 산업현장같이 확실하게 계약을 해서 거기에 대한 산재라든가 이런 권리를 보장을 받을 수 있는 것도 아니고, 자원봉사를 하려고 오신 건데 그 기간이 길어지면서 나중에 국가에서 비용을 준다고 했지만 그 현장이 딱히 노동 현장도 아니었고, 그렇다고 어떤 권리를 보장받을 수 있는 상황도 아니었고, 그런데 지금 국가에서는 "이미 돈을 받았지 않느냐?" 이런 입장이고요.

황병주   네. 그래서 지금 제가 의상자, 의상자를 행정소송을 하고 있어요, 의상자를 인정을 해주라고. 그건 두 번 빠꾸 맞았다고 했잖아요. 그리고 나서 행정소송을 했어요. [우리] 전체가 다 하면 잘못하면 변호사비를, 인제 우리가 "지면은 내야 된다"고 하더라구요. "한 명당 300만 원씩을 물어야 된다"고 해서, 저만 대표로 지금 하고 있어요. 그래서 1월 21일 날 선고를 하거든요. 저번 때, 이번 22일 날 마지막 재판했었어요. 물론 그날 가서 저도 판사한테 이야기를 좀 하긴 했는데요, 21일 날 아마 선고를 한대요. "의상자를 채택을 해줘라" 그랬더니 그쪽 보건복지부 변호사가 어떤 이야기를 하냐면은 "돈을 줄 거라는 거를 묵시적으로 알고 있었다" 이렇게 이야기를 하는 거예요.

면담자   그런데 그건 아니잖아요. 처음부터 알고 있었던 건 아니잖아요.

황병주   그렇죠. 그렇게 안 했는데, 그쪽이 주장하는 게 그거예요. "돈을 줄 거라는 것을 알고 있었을 것이다" 이렇게 이야기하는 거예요. 그래서 그쪽 변호사는 뭐 그렇게 이야기하고. 모르겠어요, 그래서 "돈을 받았기 때문에 안 된다", 이런 저걸로. "처음 간 의도가 그게 아닌데, 왜 그러느냐?" 이렇게 우리 변호사가 그렇게 이야기하고. 그래서 지금 21일 날 하여튼, 뭐 선발[판결]이 돼요.

면담자   네, 좋은 결과가 나오면 좋겠네요. 그러면 어찌 됐든 현재까지, 12월까지는 치료비를 청구하면 거기에 대한 보상을 받으실 수 있는 건가요?

황병주   네, 이제 끝났죠. 끝났죠, 인제.

면담자   언제까지?

황병주   20일 날까지.

면담자   20일까지요?

황병주   20일 날까지.

면담자   그러면 그때까지는 어떤 식으로 신청을 해서 보상을 받으신 건가요?

황병주   아, 그때까지는, 그 전에는 어… 작년에는, 작년에는 내 돈 주고 가서 병원을 다녔죠. 병원 다닌 거를 올 초에, 그러니까 작년 12월 달엔가? 올 1월 달엔가, 그… 정청래 의원이 발의를 해서 통과가 됐잖아요, 수난구호법[개정안]이. 이제 "치료를 해준다" 그래서 작년에 내 돈 준 걸 다 영수증을 해서 소급을 받았어요, 올 초에. 그리고 올 초 이후에는 병원에서 이제 우리가 등록이 돼 있어요, 재난, 뭐 특별 재난 저걸로. 그렇게 보건복지부에 등록이 돼 있더라구요. 그래서 이번 12월 20일, 20일까지는 병원에서 알아서 받더라구요.

면담자   그러면 어느 병원에 가든지 상관이 없는 건가요?

황병주   네, 좋은 건 어느 병원이든 20일 날까지.

면담자   그게 어떠한 병원이요? 내과든 외과든 상관없다는 건가요? (황병주 : 아니요) 그렇지는 않고요?

황병주   인과관계가 돼야 되는 거예요. 그러니까 잠수 거기에서 인과관계가 되는 (면담자 : 그런 질환만?) 질환만. 그러니까 그… 신장은 또 됐어요. 됐고, 그러니까 거기에서 부상을 입었다는 이제 그런 게, 저게 돼서.

169
2회차

면담자   네. 그러면 병원에서는 이제 알아서 하고, 뭐 따로 영수증을 모아서 어디를 방문하고 신청을 하고 이런 과정은 없는 건가요?

황병주   네, 그런 건 없어요.

5
세월호 이후 가치관 변화

면담자   그러면 다음으로 세월호 이전과 이후의 잠수사님 생각이 어떻게 달라지셨는지 여쭤보겠습니다. 언론 인터뷰도 하시고 뭐 여러 가지 상황들이 이제 진행되는 걸 지켜보시면서 국가라든지 한국 사회라든지 정치라든지 이런 거에 대해서 생각이 좀 바뀌셨을 거 같아요. 그러니까 세월호 그 이전과 이후가 어떻게 다르신가요?

황병주   그… 그 이전하고 이후는 진짜 너무 많이 달라요, (웃으며) 이 이전하고 이후는. 그 이전에는 솔직히 뭐 정치에 관심도 없었고. 어… 나 인제 뭐, 내가 사는 거에 바빴고, 사는 거에 신경만 썼지 다른 거에 전혀 신경을 안 썼거든요. 근데 세월호 이후에는… 너무나 많이 틀린 거예요. 그러니까 내가 불이익을 많이 당한, 당한다는 느낌도 많이 받았고. 인제 저번에도 이야기했지만 우리 사회가 그… '안 밝혀지는 진실이 너무 많구나' 그런 걸 많이 느꼈고. 세월호에서 있을 때도, 세월호 있을 때부터 그런 걸 느꼈어요. 매스컴 이런 거가 참… 그 왜곡된 게 너무 많이, '매스컴도 [왜곡된 걸] 많이 보도가 된다'고 이런 것도 많이 느꼈고. 그 이후부터 세상을 보는 눈이 많이 달라지더라구요, 많이 달라졌고. 지금은 뭐 제가, 모르겠어요, 일을 못 해서 그런 지 뭐 어쩐지. 그리고 인제, 옛날엔 솔직히 말해서 법무부 장관이 누 군지도 잘 몰랐는데, 지금은 자세히 '누군가?' 알아봐지게 되고 '국회 의원 뭐 누가, 어떤 당의 누구는, 저 사람 어떻구나' 이런 걸 많이 알게 되고 그래요. 여러 가지로 이제 정치적인 것에 관심이 많아지더라구 요(웃음).

면담자   그러면 뭐가 제일 충격적이셨나요? 그러니까 국가와 사회에 대한 인식의 변화 중에서, '정말 이럴 줄 몰랐는데 이건 진짜 놀랍다' 싶은 게 있으셨나요?

황병주   제일 놀라운 게, 진실을 덮는 거예요. 제일 놀라운 게 저는 진실을 덮는 거, 진실을. 그러니까 그… 세월호만 봐도 '진실을 알려고 하면 알려고 할수록 더 모르게 [하고] 정치적으로 이걸 이용하 는구나, 정치적으로'. 저는 옛날에는 그런 생각을 했거든요. '진실은 다 밝혀지겠지' 이렇게 생각했는데 전혀 아니더라구요.

면담자   그러면 황 잠수사님의 개인적인 경험 속에서 '내가 분 명히 두 눈으로 똑똑히 본 진실인데'라고 생각하셨던 것이 밝혀지지 않은 게 충격적이셨던 건가요? 아니면 유가족들이 하는 활동들을 보 셨을 때 '너무 진실이 안 밝혀지는구나' 이렇게 생각하신 건가요?

황병주   뭐 유가족도 그렇고요, 또 제가 봐온 것도, <비공개>. 그 러면 어… 아니더라도 밝혀야 되는데, 전혀 아무 데도 안 나온다는 거. 그런 게 지금 너무 저는 충격이고요, 그런 것에 대해서 너무. 그것 뿐만이 아니라 사회 전반적으로 다른 것도 다 그렇고, '감춰지는, 감

추려고 하는 것도 너무 많고, 감춰지는 게 너무 많구나' 이런 걸 진짜
많이 느꼈어요.

6
공우영 잠수사 재판

면담자　　　네. 공우영 잠수사님 재판, 참 오랫동안 힘들었던 일인
데 어떻게 생각하시나요? 그리고 그 재판 과정 중에 황 잠수사님은 공
우영 잠수사님께 지지나 충고? 그런 어떤 역할을 하셨는지 여쭐게요.

황병주　　　공우영 잠수사 재판은, 우리 전부, 4·16민간잠수사에서
처음부터 과정을 같이했어요. 처음에 기소가 돼서 "재판해야 된다" 했
을 때 저희가 '너나 나 [할 것 없이] 다 우리 일이였다'[고 생각했어요]. 그
래서 처음에 변호사비도 우리가 갹출해 가지고 했었고, 그때부터 이
제 재판을 다 따라다니게 된 거죠. 저는 처음에 못 따라다녔어요. 내
상태가 워낙 안 좋아지니까 거기 갈 여력이 안 생겨서, 나중에 계속
다녔는데. 어찌 됐든 간에 과실치사였잖아요, 과실치사로 기소를 했
잖아요. 과실치사로 기소됐는데, 과실치사에 그 내용이 너무 어이가
없는 거예요, 너무 어이가 없는 내용들인 거예요. 무슨 뭐… 정말 "병
을 체크 안 했다. 자격증 검사를 안 했다" 무슨 뭐, 하여간 너무 어이
가 없는 걸로 해갖고 기소를 한 거예요. 그래서 계속 재판은 다녔지만
어… 마지막 1심에서, 마지막 1심에서 무죄가 나왔을 때, 거기에 검
사, 검사도 그 이야기를 하더라구요. "전체적으로 봤을 때, 그리고 전

체적인 걸 봤을 때, 우리나라 지금 해경이" [그렇게] 검사가 그랬어요. "너무 주먹구구다, 너무 주먹구구" (면담자 : (웃음) 검사가) 검사가 그 날 바뀌었어요, 또. 바뀌어가지고 마지막에는 여자 검사더라구요. 어 "너무 주먹구구였다. 자기가 이걸 봤을 때 혐의가 없다".

면담자   검사가 보기에도 혐의가 없는 거군요.

황병주   네. "혐의가 없다. 없다고 나도 느껴진다. 그래서 죄송하다" 그렇게 해서 뭐, 인제 판사는 또 그 내용을 쫙 다 10분 정도 읽는 거 같더라고요, 전문을 다 읽더라고요. 그 혐의가 있고 없고가 문제가 아니라, 저번에도 이야기했지만… 물에 빠진 사람 건져주니까, 내 생각은, 보따리 내놓으라고 하는 거예요. [해경] 자기네들 그렇게 편리 다 봐주고, 자기네들 일 다 해주고, 다 해주니까 뒤통수 친 거잖아요. 그러니까 너무 어이가 없는 거고. 그렇게 했어도 이제 뭐 나는 당사자가 아니니까, 재판이나 가끔 가고 하지만 그 [공우영 잠수사] 본인은 얼마나 스트레스받았으며 얼마나 아팠게요. 어떤 말도 나왔냐면요, 해경에서, "아, 그 뭐, 그 벌금 몇 푼 물면 되는데요, 뭐" 이런 말까지 나온 거예요. 그 벌금 몇 푼 물고 안 물고가 문제가 아니라, 벌금 없어서 못 문 것도 아니고, 벌금 꼭 나온다라면 우리가 얼마든지 다 같이 갹출해서 낼 수 있어요. 근데 그건 아니잖아요. 명예잖아요, 이건. 가서, 내가 봉사활동을 하러 갔는데, 뭐 봉사활동이 아니더라도 도와줬는데, 지금에 와갖고 이렇게 하니까 너무나 어이가 없는 거고. 그 본인은 또 얼마나 그것 때문에 스트레스받고… 정신적인 거, 금전적인 거. 그 작년에 선배가 다른 데 외국… 저기, 저기 어디더라? 알제리, 알제리에 가서 뭐 일이 있어 가지고 그 형이 좀 가야 되는 상황이 있었어요. [한 선배가 우영이 형한테] "해결이 잘 안 되니까, 그것 좀 니가 가서 해주라" [그랬는데] 여권이 돼야지 가죠. 그런 손해, 뭐 손해가 엄청 나죠, 그 비용은.

면담자　　　그 재판에서 이겼는데 그런 손해들은 다 배상 청구를 할 수는 없나요? (황병주 : 응, 없대요) 없대요? 그러니까 일 못 하고 이런 것은? (황병주 : 네) 아, 그런가요? 그냥 변호사비 이런 것만 되나요?

황병주　　　변호사비도 안 되는 거 같고, 나중에 청구하면 뭐….

면담자　　　아, 그래요? 왜 그런 게 안 되죠? 변호사비도.

황병주　　　청구하면 교통비 이런 것만 된다고 그랬거든요. (면담자 : 아, 그래요?) 그런데 그것도 지금 안 끝났어요, 지금 대법원에 가 있으니까. (면담자 : 아, 그렇죠) 그런다고 하더라고요, 정부 상대로 하는 게 그게 잘 안 된대요.

면담자　　　그렇군요. 혹시 공우영 잠수사 재판 과정과 관련해서 언론에서 알려진 것과 다른 게 있어서 황 잠수사님께서 꼭 밝히고 싶으신 그런 부분이 있으신가요?

황병주　　　아니요, 언론이 그때는 거의 대부분. 언론은, 아직까지 그… 언론들은 특히 ≪한겨레≫ 같은 경우는 굉장히 저희한테… (면담자 : 호의적인가요?) 호의적이고 그랬어요. 다른 언론들도 어… 조중동은 아니었지만, 다른 ≪머니투데이≫니 뭐 이런 언론들, 다른 언론들, ≪경향신문≫까지도 같은 많이 그랬었는데, 조중동에서는 안 하더라고요.

고(故) 김관홍 잠수사

면담자   그… 올해 이제 6월에 김관홍 잠수사가 돌아가셨잖아
요. 어떤 상황이었는지, 혹시 가깝게 지내셨나요?

황병주   네, 가깝게 지냈죠.

면담자   그러니까 세월호 이전부터 원래 알고 지내던 사이인
가요?

황병주   아뇨, 아뇨. 세월호에서 만났죠, 세월호에서.

면담자   거기 그 바지에서요?

황병주   네, 바지에서.

면담자   금호 바지에서부터 처음 만나셨던 건가요?

황병주   아니요. [김관홍 잠수사는] 23일 날 들어왔어요. 23일 날
저녁에 들어왔을 거예요, 아마. 김관홍이도 거기서 처음 알았고.

면담자   그러면 23일이면 언딘 바지가 (황병주 : 네, 세팅되고) 세
팅되고 그때 들어오신 거군요.

황병주   네, 그때 많이 들어왔어요. 그때 한 10명 정도 들어왔을
거예요, 10명 가까이. 그때부터 알았는데 어… 굉장히 적극적이더라
구요. 그리고 분위기 같은 것도 잘하고 그래서 가깝게 지냈죠. 다 가
깝게 지냈지만, 그래도 좀 서울, 같은 이쪽, 저기 뭐야, 좀 위쪽이니
까. 그리고 또 그 친구가 강사 출신이라 가지고 조금 더 가깝게 지냈

죠. 그래서 뭐 음…, 그리고 또 저 트라우마 치료도 같이 받고, 처음부터서 같이 받고 그래 갖고 더 다른 사람들 하고 보다 [가깝게], 끝나고 나서도 더 가깝게 지냈죠.

면담자   이렇게 치료도 같이 받고 하셨으니까, 옆에서 보시기에 김관홍 잠수사님을 힘들게 했던 게 뭐라고 생각하세요? 뭐 한두 가지는 아니겠지만요.

황병주   굉장히 트라우마가 그 친구도 심했던 거고. 어… 유난히 더 많이, 그… 우리가 7월 10일 날 나온 거에 대해서, 그때부터서 다른 사람보다 훨씬 더 많이… (면담자 : 힘들어하셨나요?) 힘들어하더라고요. 그때도, 거기에서도, 거기에서도.

면담자   그러니까 아이들을 남겨두고 왔던 거에 대해서요.

황병주   그때도, 거기서도, 그날도 7월 10일 날 해단식이라고 해서 바지에서 잠깐 이야기했는데, 거기서도 이건 아니라고. 그때 이춘재 국장, 그땐 국장이었죠, [그 사람한테] "이건 아니지 않냐?" 거기서도 울면서 막 항의를 하고… 거기서도 계속 그러더라고요, 그때부터도. 그래서 이제 그 자기가 나온 거에 대해서 계속 [힘들어하면서] 인제 뭐, 다른 사람보다 더 많이 더, 좀 더 앞장서서 [활동하더라고요]. 그래서 그 뒤로도 잠수사 일을 그 친구가 본 거예요. [잠수사 일을] 보게, 우리도 "이렇게 좀 해라" 이렇게 했고. 그래서 그거를….

면담자   그 이후에도 잠수사 일을 봤다는 건 무슨 말씀이세요? 다른 곳에서요?

황병주   아니요. 우리[가] 4·16민간잠수사를 이제 끝나고 왔잖아요, 끝나고 왔는데, 인제 그 친구는 우리 요구, 그러니까 "좀 알려야겠다. 이거는 아니다" 이제 그러면서 언론 같은 거, 이제 가족들하고 관계도 그렇고, 그때서부터 이제 그….

면담자   "계속 우리가 시신 인양을 더 해야 된다" (황병주 : 네) 그런 입장으로 가족들하고 같이 활동을 하셨군요.

황병주   활동하고. 우리가 [계속]했었으면, 우리가, 사실 우리는 그때 [바지] 자리를 바꾸기로 했거든요. 그리고 이제 바꾸기로 했는데 [결국 현장에서] 나온 거예요. 그러니까 그게 아쉬운, 그런 것들이 이제, 계속 그런 것 때문에 계속 말하고 다니고. 저 같은 경우는 그냥 그럴 여력도 없으니 안 했지만, 그 친구는 인제 계속 그런 것에 대해서는 [활동]하고. 또 우리끼리 만나면 맨날 그런 얘기, 그러면 또 술 먹고. 어… 이제 그런 활동을 많이 하면서부터, 내가 느끼기에는 더 안 좋아졌던 거 같아요, 그런 활동을 하면서부터. 하니까 더 안 좋아진 거 같아요, 하니까. 안 했으면 차라리, 활동 안 했으면 그 성격에 또 어떻게 했는지 모르겠지만, 제가 느끼기에는 그래요. 그런 활동을 하면서부터 더 안 좋아진 것 같은 느낌.

면담자   이제 미안함과 죄책감 같은 게 더 있으셨군요.

황병주   네. 더 이제 뭐 그러고, 또 정부에 더… (면담자 : 분노) 네, 분노 같은 것도 더 있었고. 모르겠어요, 같이 이제 그런 활동하다 보니까 더 많이 알게 되잖아요, 다른 것들을. 그래서 더 분노 같은 것을 느끼고 이러고, 또 이제 자기, 자기 현실, 현실도 인제 있고 하니까. 그 전에도 이제 술 먹으면 자꾸 전화가 왔었어요, 많이. 그러면은 (한숨 쉬며) 밤 12시, 1시에 술 [마시면], 자꾸 저한테 전화가 와요. 그러면 진짜로 푸념하면서 뭐….

면담자 　누구한테 오는 전화예요? 유가족들한테요?

황병주 　아니요, 아니요, 관홍이가. 관홍이가 저한테 전화를 해요. 밤 12시 넘어서 새벽 1시에도 전화 오고. 술 취하면 전화 오는 거예요, 술 취하고. "형, 나 죽을 거 같애" 어쩌고 이제 그런 이야기도 하고. 〈비공개〉 그 전에부터 그러니까 그런 저거가 많았어요, 계속.

면담자 　네. 그런데 그 4월 정도까지 정혜신 박사님과 일주일에 한 번씩 만나서 함께 이야기하는 과정이 있었는데 5월부터는 없었잖아요. 만약에 김관홍 잠수사님이 조금 더 치료를 받거나 아니면 누군가, 전문가에게 이야기하는 그런 과정이 계속되었다면 낫지 않았을까, 그런 생각을 지금 하시나요?

황병주 　그렇죠. 네, 그렇게.

면담자 　그러니까 그걸 했을 땐 조금 그래도 나으셨던 건가요?

황병주 　네. [그걸] 했을 때는 더 나았고. [그래서] 할라고, 계속 인제 안 좋으니까 노력도 하고 본인 스스로가, 다 누구나, 우리 다 같이. 그래서 뭐 그렇게 하다가도 또 같이 만나가지고 여러 사람 있으면은, 같이 여러 사람 있으면은 좀 더 나아지고.

면담자 　네. 그러면 특조위에서 정혜신 박사님을 지원했던 것은 어떻게 해서 4월에 끝나게 됐나요? 그때 잠수사님들 다 회복됐다고 해서 그런 건가요?

황병주   아니, 아니요. 그래서가 아니고. 왜 끝났냐면은, 어…
[우리가] 일도 해야 되고, 여러 가지로 흩어져 버린 거예요, 인제. 일하러 가버리고, 뭐 하고.

면담자   그러니까 네 분이 꼬박꼬박 모이지를 못하셨군요.

황병주   네. 가면 뭐 한두 명 이렇게 모이고 그러면 잘 안 [되는],
정혜신 박사님 말씀이 "같이 이렇게 해서 같이해야 되는데" 잘 안 되는 거예요, 그때는 상황이. 흐지부지하게 돼버린 거예요, 그냥. 그러고 이제 상태도 어느 정도 많이 좋아졌고. 또 그래서 이제 뭐, 어떻게 계속, 그런데 계속하자는 말[을], 나 같은 경우는 좀 더 했으면 하는데 말은 못 하겠고.

면담자   김관홍 잠수사님도 꾸준히 참석하셨나요?

황병주   네, 거의 꾸준히 했죠. 가끔 빠지기는 했죠.

면담자   그러면 그… 참 힘든 기억이긴 한데, 김관홍 잠수사님 돌아가시기 그날이나 그 전날, 혹시 연락을, 어떻게 하셨었나요?

황병주   아니요, 안 했어요. 그때… 관홍이가 죽기 얼마 전에는 우리하고 사이가 조금 안 좋았어요.

〈비공개〉

8

자살 시도

면담자　　앞서 구술에서 황 잠수사님도 "유서를 한번 쓰신 적이 있다"고 말씀하셨었어요. 그때가 작년인가요, 작년 여름에? (황병주 : 아니요, 가을에) 작년 가을에? 혹시 몇 월 며칠이라고 기억나시나요?

황병주　　날짜는 모르겠고, 한 10월 달쯤.

면담자　　10월 달에. 물론 쭉 힘드셨지만, 그때 어떻게 해서 '차라리 안 사는 게 낫겠다' 이런 생각을 하시게 됐나요?

황병주　　그 전에부터, 그러니까 그 전부터 계속 그런 생각이 조금씩, 조금씩 드는데, 어… '안 사는 게 낫겠다. 죽어야 되겠다' 이 생각만 드는 거예요. '죽어야 되겠다. 나는 죽는 게, 내가 이렇게 사는 의미가 없다. 나는 죽는 게 낫겠다'. (잠시 침묵) 그리고 '어떻게 해서 죽을까? 그러면 죽어야 되는데, 어떻게 죽을까?' 그 혼자 막 생각하는 거예요. '어떻게 죽을까?' (한숨 쉬며) 그러니까 집에서, 예를 들어서, '집에서 죽으면 애들이 오다 얼마나 놀랄까?' 이런 생각 들고.

면담자　　그때 딸 두 분하고 같이 살고 계셨나요?

황병주　　네, 그랬어요. '얼마나 놀랄까. 집에는 안 되겠다. 그러면 산에 가야지' 그러면 또 산에 가요, 인제. '어디, 어떤 나무가 좋을까?' 뭐 그런 생각, 그리고 또 인제 [집에] 와요. 그리고 오면은 또 이제 뭐 하고 있으면 어떻게 잠들 때도 있고, 그리고 잠들면 또 아침에 일어나면, 눈 뜨면 '오늘은 또 어떻게, 오늘은 또 어떻게 넘길까?' 그 생각 또 드는 거예요. 아침마다 눈 딱 뜨면 그 생각부터 드는 거예요. '오늘은 또 어떻게 넘길까' 하루 종일 집에 이제 있었으니까, 그때는 활동도 안 하고 밖에도 안 나가고 그 생각만 계속 나는 거예요.

면담자   그때는 누나 댁에 사시는 건 아니었고요? (황병주 : 네) 그냥 따로? 따님 두 분하고만 사시는 거였나요? (황병주 : 네. 그래서…) 뭐가 그렇게, 의미가 없다는 게 어떤 의미가 없다는 거였나요? 너무 힘들고 아무것도 하지 못해서 그러신 건가요?

황병주   네, 그런 느낌. 아무것도 못 하고, 그리고… 몸도 안 좋고, 막 활동을 하다가 몸도 안 좋고. '내가 앞으로 이제 몸도 이런 상태에서 뭐를 해야 되나' 이런 것들, 저런 것들, 생각 때문에, '더 이상, 그럼 나는 더 이상 살 의미가 없다' 계속 그 생각밖에 안 들어요. 다른 생각 안 들고, '더 이상 살 의미가 없다'.

면담자   그런 생각을 다른 잠수사분들이나 다른 친구분들하고 이야기를 해보신 적이 있나요?

황병주   아니요, 안 했죠.

면담자   안 하셨어요? (황병주 : 아니요, 안 하고) 안 하신 건 왜 안 하셨나요?

황병주   아니, 나는 '어느 날 나 혼자 그냥 (면담자 : 조용히 가면 된다) 간다. 실행을 해야 되겠다' 그 생각밖에 안 하고 다른 사람한테 전혀 이야기 안 했죠. 뭐, 관홍이는 그나마 술 먹고 나한테 하소연이라도 했죠, "죽고 싶다"고. "형, 나 죽고 싶다. 지금 죽을 거 같애" 근데 그런 말을 어떻게 동생들한테 할 수도 없잖아요. 전혀 그런 말 안 하고, 나 혼자만 그 생각 계속했었고. 이제 나중에… 그래서 그런 이야기를 했죠. 그 잠수사들이 가끔 한 번씩 만나면 그런 이야기는 하기는 하죠. "형, 다른 생각하지 마" 어쩌고 이래요, 농담으로. "알았어" 내가 그러고.

면담자　　　그러면 유서에는 뭘 쓰셨나요?

황병주　　　뭘 썼냐면요, 어… (한숨).

면담자　　　손으로 쓰신 건가요? 편지를?

황병주　　　네, 그냥 이렇게 쓴 거예요. "나 혼자 먼저 가서 미안하다. 나 단원고 애들한테 먼저 갈게". 그… 이거는 인제 또 썼어요. 우리, 우리 딸내미 전화번호 적어놓고.

면담자　　　두 명에게요?

황병주　　　아니요, 하나. 위에 딸내미.

면담자　　　위에 딸 만요.

황병주　　　네, 딸내미 전화번호 적어놓고, "딸내미 [전화번호] 이거니까 내 앞으로 무슨 일 있을 때 딸내미한테 연락해서 해라" 그리고 간단히 "미안하다" 그렇게 썼었는데.

면담자　　　그러니까 그러면 그 유서가 다른 잠수사 동료한테 쓰신 거였나요?

황병주　　　상우한테, 상우한테 썼어요.

면담자　　　유서 앞에 그냥 "상우에게" 이렇게 쓰신 건가요?

황병주   네, 상우한테. 그래서 "잘 처리해 줘라" 그거 해놓고 내가 어떤 계획이었냐면요, 그거 써놓고 [바로] 넘긴 게 아니라 그러기 전에, 어떤 행동하기 전에 문자로 보내놓을라고 그랬어요, 그렇게. 그러니까 그런 것까지 전부 다 계산을 했죠, 이렇게 문자로 보내놓을라고 그러고. 그러면 우리 [네이버]밴드가 있었거든요. '밴드에다는 뭐라고 할까?' 이제 약간 그 생각도 좀 하고. '밴드에다 꼭 굳이 올려야 될까, 어쩔까' 그러면, 그런 쓸데없는 그런 생각만 계속하는 거예요. 저 목매달려고 그랬어요, 목매달라고요. 근데 '[나무에] 올라가면 어떻게 올라갈까?' 그 구체적인 거. '돌 하나 이렇게 괴[에]놓고 올라가서 발로 툭 쳐야 되겠다' 이런 생각. 그리고 '로프는 어떤 로프를 살까? 약간 부드러운 걸로 해야 되겠다' 뭐 (웃으며) 이런 것까지 쓸데없는 거.

면담자   그러면 유서를 쓰고 아직 문자는 김상우 잠수사님한테 보내지는 않고요.

황병주   네. 그때 인제, 바로 그거 왜, '미리 보내면 안 된다'고 생각하고 실행하기 바로 전에 보낸… (면담자: 보낼려고) 보낸다고 이제 생각했죠.

면담자   그런데 어떻게 해서 그 생각이 없어지셨나요?

황병주   그게, 그러니까 한 세 번 정도 치료받기 시작할 때부터 그런 '죽어야 되겠다' 하는 생각이 어느 순간, 매일 아침이면, [치료를] 받을 때 처음에 한두 번까지도 그 생각을 했어요. 근데 한 세 번 정도 받고 나니까 아침에 일어나는데 '죽어야 되겠다' 생각이 안 드는, 그러니까 매일 생각했어요. '오늘은 어떻게 해갖고 죽을까? 내가 실행을 과연 할 수 있을까?' 맨날 그랬어요. '내가 이렇게 하는데 실행을 할 수 있을까? 실행을 나는 꼭 할 거야' 맨날 이제 그 생각이 '나는 꼭, 나는 꼭 실행을 할 거야'. 근데 그런 생각이 딱 없어지는 거예요, 어느 날 갑자기.

면담자   아주 적절한 순간에 진짜 정혜신 박사님이 구해주신 거네요. (황병주 : 네, 네. 진짜로) 그러면 그때 딸이라든지 가족에 대한 생각은, 걱정이나 이런 건 안 드셨나요? 이미 다 커서?

황병주   네, 다 컸으니까. 뭐, 그러니까 '집에서는 안 되겠다' 그 생각을 이제 집에서. 집에서도 사실…, 뭐 집에서도 위치를 맨날 보면, 이렇게 밖에 나가면 '여기는 어떨까?' 그 순간순간에 그런 생각이 드는 거예요. '여기는 어떨까? 여기는 어떨까?' 뭐 화장실 들어가면 '여기는 어떨까?' 그런 생각을 계속 몇 달 동안 하기는 했어요. 근데 그러다가 '아, 집에서는 안 되지. 집에서는 안 되지' 집에서는 뭐 내가 해준 거는 없는데 너무나 놀랠 거 같고 충격받을 거 같은, 지가 직접 봤을 때 충격받을 거 같은 그런 느낌 때문에 '집에서는 아니다' 이랬죠.

면담자   그럼 실제로 그것을 실행하지 않으셨는데 그런 시도에 대해 다른 잠수사님들이 알게 되신 거는 치료를 할 때 이야기하셨거나 나중에 따로 이야기를 해서 아신 건가요?

황병주   네, 나중에 따로 이야기했어요.

면담자   사실은 이런 생각했었다.

황병주   네, "이런 생각했었다". 뭐 다른 잠수사들은 어… 그 전에서부터 조금씩은 느끼고 있었나 봐요.

면담자　　　아, 이제 황 잠수사님이 좀 위험하다.

황병주　　　네, 그런 걸요. 〈비공개〉

9
참사 후 가장 힘든 점, 트라우마

면담자　　　그 지난 3년 가까운 시간 동안 황 잠수사님을 가장 힘들게 한 부분을 한 가지를 꼽으라면 뭐라고 하시겠어요?

황병주　　　가장 힘들었던 게 아마 트라우마였던 거 같아요. 그때 그 시기에, 그 시기가 가장 힘들었던 거고.

면담자　　　그 트라우마는 바닷속으로 끊임없이 들어가서 아이의 시신을 건져 올려야 했었던 그 기억인 건가요?

황병주　　　아니요, 그 기억은 아니에요. 그 기억은 지금도 쑥쑥 나요, 그 기억은 아닌데. '죽어야 되겠다' 하는 생각, 그런 거. 그러니까 [내가] 의미가 없는 느낌, 그런 거. 그런 게 계속 반복되는 거, 그게 가장 힘들었던 거 같고. 그 이후에는 뭐 이제 어차피 일 못 하는 거, 활동 못 하는 거, 이런 게.

면담자　　　그러면 지금 말씀하신 걸 제가 조금 정리해 볼게요. 황 잠수사님의 트라우마라는 것은, 특정한 기억이나 이런 거보다는 어느 순간부터 몸도 힘들고 기운도 없고 (황병주 : 네) 일도 하기 힘들어지고, 어떻게 보면 정상적인 삶을 사는 게 힘들어지면서 사는 거 자체가 스스로 의미가 없어진. (황병주 : 네) 그 한 1년 가까운 기간의 경험이 트라우마로 남아져 있다는 거죠.

황병주　　　그 어떤 기억 같은 거는 뭐 '무슨 꿈을 자꾸 꾼다, 뭐 어떤 기억이 난다' 저는 그 기억은 스스로 나요, 언제나 나요, 그냥. 그건 뭐 언제나 근데 그게 크게 전….

면담자　　　그러니까 그 기억이 악몽이고 잠수사님을 괴롭히는 건 아니네요.

황병주　　　그건 아니, 아니에요.

10
참사 후, 대리기사 일을 하는 이유

면담자　　　알겠습니다. 그럼 지난번에 잠깐 말씀하셨는데, 지금 잠수사 일은 못 하시는 거죠? (황병주 : 네) 골괴사도 있고, 신장 투석도 하시고, 트라우마도 있으시고. 그래서 지금 생계를 위해 대리운전을 밤에 하신다고 들었는데, 그 일은 어떻게 하시게 된 건가요? 그리고 오랫동안 잠수사 일을, 레저잠수도 하시고 산업잠수도 하셨는데, 잠수사 일은 이제는 마음으로 정리를 하신 건가요? 아니면은 어떤가요?

황병주　　　정리를 한 게 아니라 할 수 없으니까, 할 수 없으니까 안 하는 거고. 대리운전 하는 것도 관홍이가 먼저 했어요. 관홍이가 "형님, 자기 그거 하고 있는데, 용돈이라도 벌어야 되는 거 아닙니까?"

면담자   그럼 김관홍 잠수사도 더 이상 잠수를 할 수 없는 상황이었나요?

황병주   관홍이도 이제 몸이 안 좋아서 못 하니까, 그래서 자기 [대리운전] 하는 데 나 데리고 가서 하게 됐고. 그리고 관홍이 죽고 나서, 얼마 전까지 못 했어요, 계속 일을. 그러다 요즘에 이제 다시 조금씩, 안 할 수가 없으니까 하게 됐고.

면담자   그런데 그 일이 사실 밤중에 하는 거라 되게 피로하잖아요? 피로할 수도 있는데, 신장 투석을 받고 계신 상황에 힘들지 않나요?

황병주   그래서 사실은 어… 그 보상이 좀 나오면은 다른 걸 해볼까 했는데, 그 보상이 전혀 터무니없이 적게 나오니까 뭐 그것도 전혀. 그럴 계획은 좀 있었었는데.

면담자   보상이 나오면 어떠한 직업을, 어떠한 일을 생각하셨었나요? 어떤 걸 하면 좀 그래도, 잠수를 못 해도….

황병주   그런 경우에 뭐, '하다못해 뭐 김밥집이라도, 그런 거라도 뭐 이제 장사를 해야겠다'.

면담자   작은 개인사업 같은 거.

황병주   작은 개인사업, 뭔가 해볼라고 생각을 하고 있었죠. (한숨 쉬며) 근데 지금 안 됐던 거고.

면담자   그러면 잠수, 그 일을 다시 하시는 거는 어려운 건가요? 앞으로도?

황병주   네, 못 하죠. 병원 가야 되니까요. 투석을 해야 되니까, 투석해야 되는데 할 수가 없죠. 한 번 하면 4시간인데. [병원] 한 번 가면은, 가는 시간 오는 시간, 한 6시간 정도 걸려요.

면담자   신장투석을 계속, 그러니까 언제까지 하고 그다음에 회복이 될 가능성 같은 건 없나요?

황병주   네, 죽을 때까지 하는 거예요, 평생, 이식받지 않은 이상.

면담자   그러니까 4·16 전에는 사실은 설령 신장이 좀 안 좋으셨다 해도 투석을 받고 이런 건 아니었잖아요? 어쨌든 그러니까 계속 잠수를 하셨던 거잖아요.

황병주   그러니까요. 아무 이상이 없었으니까 했죠. 전에도 현장을 거기만 있었던 게 아니라 저는 그 전에도 다른 현장도 이렇게 해서 했었으니까.

면담자   지금은 이제 신장 투석 전으로 회복될 수 없는 상황이고, 잠수 일을 못 하는 상황인데도.

황병주   그게 이제 인정이 안 돼서. 아마 인과관계는 변호사가 그 뭐… 자료, 영상 이런 게 다 있으니까 다시. 아마 될 거라고, 아마 "이의신청 하면 될 거다. 안 되면 행정소송 해도 이건 되는 거다" 그러고 또 판례도 있대요, 뭐 비슷한 판례가.

면담자   제가 들어도 황 잠수사님 케이스는 좀 심각한 상황인 거 같아요. 그래서 힘드시겠지만 다시 한번 이의신청을 해보시는 게 좋을 거 같다는 생각이 들기는 하네요.

11
후회되는 일

면담자   4·16 이후에, 세월호 이후에, 가족이나 다른 친구들과의 관계는 어떠신가요? 또 주변 이웃이나 이런 관계, 그 전과 비교했을 때 그런 관계들은 어떤가요? 변했나요?

황병주   관계는… 많이 변했죠. 제가 이제 거의 뭐 다른 데 단절을 많이 하니까, 친구들도, 만나는 친구, 가까운 친구 모임만 나가고 다른 데는 거의 다 안 만나고. 뭐 인제, 뭐 전체적인 게 많이 단절됐다고 보면 되는 거죠. 먼저 일단 제가 자신이 없어요, 자신감이 없었어요, 그러니까.

면담자   같이 4·16 경험을 했던 잠수사 외에 다른 사람들을 만나는 일이 자신이 없으시군요.

황병주   네. 자신이 없고, 또 만나기도 별로 싫고요.

〈비공개〉

면담자   지금 생각할 때, 지난 2년 반 동안 본인이 선택했던 그런 삶에 대해서 혹시 아쉽거나 후회하신 게 있으신가요? 예를 들어서 지난번에 그런 말씀도 하셨잖아요. 공우영 잠수사가 작업에 해경들 끼워주고 이런 건 "우영이 형이 잘못했다, 저렇게 배신할 애들을".

황병주   잘못한 건 아니지만은 뭐 결과적으로.

면담자   그렇죠. 결과적으로 그렇게 된 거죠, 이렇게 될지 몰랐으니까.

황병주   결과, 결과가 그렇다는 이야기고.

면담자   어떠세요, 황 잠수사님은? 물론 이 일 자체가 나쁜 일은
아니고 중요한 일을 하신 거지만 '아, 내가 거기서 왜 이렇게까지 했
을까?' 하는 생각 내지는….

황병주   그런 건 없는데요. 가장 아쉬운 게, 어… 어떤 느낌이냐
면 불명예, 그니까 군인이 불명예 제대한 느낌, 그런 느낌이거든요.
나올 때도 저는 그게 굉장히 컸어요. 가장 아쉬운 게 끝까지 못 했다
는, 그러니까 어… 결론을 못 내리고, 물론 자의는 아니고 타의에 의
해서 나왔지만. 그런 거, 그게 가장 아쉬웠어요.

면담자   그러면 나올 때 어떠한 상황이었나요?

황병주   어떠한 상황이냐면, 우리가 인제 7월 10일 날 나왔는데,
8일 날인가? 파도가 많이 쳤는데, 태풍이 와서 피항을 왔어요, 피항을.

면담자   그때가 아직 미수습자가 10명, (황병주 : 11명) 11명일
땐가요?

황병주   네, 11명 남았을 때. 11명 남았는데 피항을 왔어요. 이
제 피항을 오면은, 그때는 이제 태풍이 오기 때문에, [평소에는] 웬만하
면 거기에다 바지를 그냥 세팅을 해놓고 있었는데, 이제 태풍이 오기
때문에 바지 자체도 전체를 빼가지고 목포로 온 거예요, 목포항으로.
그러니까 이제 잠수사들은 각자 집으로 갔죠. 그리고 나서 이제 10일
날, 이제 태풍이 지나가고 어… 10일 날 다시 이제 모이기로 했는데,
9일 날 저녁에, 아, 10일 날 내려갔나? 9일 날 저녁에 내려갔나? 뭐 내

려가는데, 9일 날 저녁인가 봐, 9일 날 저녁에, 9일 날 저녁에 내려갔
는데, 10일 날 아침에 집결하기로 했으니까. 9일 날 저녁에 내려가는
데 문자가 온 거예요. 뭐 그동안, 해경청장한테서 "그동안 고생 많으
셨습니다. 수고하셨는데 좀 가서 쉬시라"고 그렇게 이제 갑자기 받으
니까 다들 벙쪄가지고 "뭐냐, 이거?"

면담자   그게 뭐, 어떻게 문자로 온 건가요? 아니면, (황병주 : 문
자로) 문자로? 그동안 수고하셨습니다? (황병주 : 네 문자로) 그러면 "잘
돌아가십시오" 이렇게 온 건가요, 문자가?

황병주   네. 이제 뭐 잠수… 방법이 어째서, 그러니까 하여튼 그
렇게 온 거 같아요. "그동안 수고 많으셨습니다". 뭐 이제 저희가 병원
에 가서 좀 어쩌고저쩌고, "너무 피곤하니까 좀 쉬라"고 그렇게 와서, 그
러면 이게 "왜 이러냐? 뭐냐?" 했더니 "잠수 방법을 바꾸기 위해서" 어…
"다른 방법으로 하기 위해서 부득이하게 얘기를 했다"고 그렇게 이야기
한 거 같아요. 그러니까 갑자기 다들 벙쪈 거죠. 그런 게 인제, 가장 아
쉬운 게, 끝까지 못 했다는 거. 사회적으로나 뭘로나 내 주위에 무슨
어… 친구들이나 뭐 나를 아는 사람들이 다 '나 여기 와서 하고 있다' 이
렇게 생각하고, 어찌 됐든 간에 나름대로는 뭐 자랑스럽게 생각을 했었
는데 '쫓겨났다' 이런 느낌이 되는 거예요, 이제. 그러니까 뭐 그게….

면담자   그러면 그다음부터는 잠수를 어떻게 하겠다는 거였나
요, 거기 입장은? 남은 11명이 있었는데.

황병주   음… 다른 88[수중]이란 업체하고, [그] 업체한테 잠수사
를 그쪽에서 불러갖고 어… 그쪽에는 처음에는 아마 계약을 하고 왔

던 거 같아요. (면담자 : 네. 말씀하셨죠) 계약을 하고 왔는데, 아마 결국은 "계약 때가 안 되고 해경에서 직접 했다"고 그러는 거 같애요, 정확히 잘 모르겠고. 그게 인제 미리 우리가 가면서 짜여져 있던 건지, 그게 인제 여러 가지 설이 있어요.

〈비공개〉

그리고 TF나 이쪽에서도, 범대본 이쪽에서도, "말 잘 안 듣는다, 쟤네들은. 여지껏 했지만 말을 잘 안 듣는다. 우리말을 잘 안 듣는다" 뭐 이런 것도 있었던 것 같고, 또 공우영 잠수사 기소 건도 있었던 거 같고. 그러니까 여러 가지 겹친 거 같아요. 그래서 "전체를 바꾸자. 쟤네들 다 빼버리고 바꾸자" 이렇게 된 거 같아요.

면담자　　　그러면 황 잠수사님은 7월 10일까지, 7월 8일까지 하신 거죠. 그렇죠? 목포에 가셨다가 이제 7일 날 다시 오시는 거죠?

황병주　　　네. 7월 7일 날인가 그럴 거예요, 7일 날.

면담자　　　7일 날이요. 하여튼 그때까지 바닷속으로 들어가셨던 거잖아요?

황병주　　　아니요, 저는.

면담자　　　아닌가요?

황병주　　　5월 6일 날까지.

면담자　　　아, 5월 6일 날까지. 그 이후는 팀장 역할을 하셨었죠? (황병주 : 맞아요) 그러면 바닷속에 계속 들어가셨던 분들, 남은 그 11명이 그래도 더 많이 찾을 수 있다고 믿으셨나요?

황병주   그럼요. 우리는 어… 자리 바꾸면은, "해경하고 해군하고 바꾸면은 아마 더 찾을 수 있을 거다" 그런 믿음을 많이 가졌죠. 우리가, 우린 샅샅이 뒤진다는 걸 다 그 자부심을 가지고 있었으니까. 우리는 안에, 방에 있는 베개 하나라도 다 꺼냈을 정도로 수색을 했으니까, '우리가 하면 할 수 있을 거 같다. 찾을 수 있을 거 같다' 그런 걸 많이 했죠. 그래서 우리가 그 전에부터 계속 "바꾸자" 그랬어요, "바꾸자" (면담자 : 바지에서의 위치를?) "위치 바꿔서 하자. 위치 바꿔서 합시다", "우리 위치 바꾸자"고 해군한테. 그래서 "바꾸자"고 "바꾸라"고 한 거예요, "갔다 오면 바꾸자"고 이렇게 된 거예요.

면담자   그런데 다른 팀이 들어와서, 이제.

황병주   그렇죠. 다른 팀이 들어온 거죠, 다른 팀이 들어와서 한 거고.

면담자   그러게요. 그런데 뭐 그거는 참… 불명예제대란 느낌이 저도 공감이 됩니다. 그동안 나름대로 그렇게 오랫동안 그 팀에서 하셨는데….

황병주   그리고 우리는… 처음에는, 초창기 때는, 그 말도 했구나. 그 말 제가 안 했나요? 그 분위기에 어… 혹시라도 가족들도 있고 하니까, 우리끼리 이런 말도 했었어요, 처음에는요, "웃지 마라". 사람이 웃을 수도 있고 하잖아요, 거기서. 그런 말을 인제 이렇게 했죠. "이빨 보이지 말아라. 이빨 보이면서 웃지 말아라" 그러니까 그 분위기, 그 분위기가 그렇게 되니까. 전혀 뭐, 그렇게 인제… 우리끼리 다 안에 들어가서 있으면 무슨 이야기라도 할까, 밖에서는 전혀 이야기 안 했어요, 그러니까 한 단어도. 우리가 그러면, 혹시라도 그러면, 다른 저거[로] 비칠까 봐 웃지도 못하게 했어요. 그렇게 전체, 전체 다 분위기가…. 어… 진짜로 그러면서, 진짜로, 저번에도 이야기했지만 (한숨) '잘못하면 죽을지도 모른다'는, 우리도 그런 느낌 갖고 그렇게 했는데, 그런 감정, 나중에 이제 그런, 그러니까 너무나 마음의 상처가 많이 크더라고요.

12
참사 후 위안이 된 사람들, 동료 잠수사들

면담자　　　네. 그러면 지난 2년 반 동안 본인에게 그래도 가장 위안이 되었었던 건 무엇인가요? 동료 잠수사들?

황병주　　　그렇죠. 동료 잠수사들, 같이 있었던 거, 같이. 그거밖에 없어요, 우리는 서로가.

면담자　　　잠수사님은 무슨 종교가 있으신 것도 아니니까.

황병주　　　네. 서로를 알아주거든요. 그러니까 뭐, 그 3개월인데요, [같이 일한 건] 3개월도 안 되는데, 그게 2년 반 동안도 같이 있으면 그렇게 또 할 말이 많아요, 그렇게. 짧은 시간에, 왜 그렇게도 짧은 시간인데도 할 말이 많은지.

면담자　　　그게 인생을 너무 많이 바뀌놨잖아요.

황병주　　　그래서 그런가 어쩐가. (한숨 쉬며) 그 짧은 시간이 이야기하면 끝이 한도 [없어요](웃음).

면담자   지금 힘드시거나 뭔가 이야기하고 싶거나 술 한잔하고
싶으실 때, 누구랑 제일 편하게 이야기하시나요?

황병주   지금은 저는 이제 가깝게 복진오가 있으니까 복진오한
테 맨날 하고. 이제 상우랑도 통화하고, 그렇죠. 공우형 잠수사하고는
거의 월에 한 번씩 통화하다시피 하고.

면담자   공우영 잠수사님 지금 제주도에 있으신 거 같더라구요.

황병주   네.

13
참사 후 삶의 변화, 앞으로 계획, 진상 규명에 관한 생각

면담자   이 세월호 경험이 삶에 대한 태도에 어떤 변화를 가져
왔다고 생각하시나요?

황병주   삶에 대한 태도….

면담자   산다는 거에 대해서?

황병주   글쎄요. 산다는 거에 대해서? 그거는 많이 느꼈어요,
산다는 거에 대해서는 아니라 '사람이 참 파리 목숨이다' 이런 거. 저
는 그거를 많이 느꼈어요. 파리 목숨이라고 이야기 많이 하잖아요.
'정말 파리 목숨이구나. 어? 몇백 명이 이렇게 쉽게 죽는구나' 그 생각
을 저는 그때부터 계속한 거예요. 배 그거 내가 수습을 하면서도 그

195
•
2회차

생각, '정말 진짜, 정말 이렇게 쉽게 죽는구나'. 그래서 모르겠어요, 저는 더 죽고 싶었는지 어쨌는지, 그런 생각이 들었는지. 다른 건 모르겠고, '정말 사람이 죽는다는 게 너무너무 쉽구나'.

면담자   이제 어떠한 삶을 살고 싶으세요?

황병주   어떠한 삶을 살고 싶다는 거는 잘 모르겠구요. (한숨 쉬며) 솔직히 말해서 어떤 계획이 없어요, 어떤 계획이 있을 수 있는 여건이 너무 안 되니까. '어떻게 살아야 할까?' 이 생각만 자꾸 계속하는 거예요, '어떻게 살아야 할까'.

면담자   음… 아무것도 준비할 수 있는 게 없는데 어떻게….

황병주   네. '어떻게 살아야 할까' 그 생각만 계속하는 거 같애요, '어떻게 살아야 할까'.

면담자   4·16 이전에는 어떤 생각을 하셨나요?

황병주   4·16 이전에는 뭐… 활동을 많이 하니까, 전혀 어떻게 하겠다 [이런 거 없이], 굉장히 저는 어… 자유롭게 살았거든요.

면담자   그때 좀 "돈을 벌어야지 하셨다"고 지난번에 말씀하셨거든요.

황병주   네, 자유롭게 살았거든요. 어차피 뭐, 그리고 4·16 이전에는 현장에서 일하니까 어느 정도 쓸 정도는 아쉽지 않게 [벌고 사니까] 저는 뭐, 제가 앞으로 어떤 계획 목표가 있어서가 아니라, 레저 좋아하고, 이렇게 같이 동호회 사람들 좋아하고 그러니까. 또 운동 좋아하고 이제 그런, 그렇게 계속 또, 그렇게 살아왔고 그렇게 했는데. 이거 이후에는 이것도 안 되고, 저것도 할 수 없고, 아무것도 할 수 없으니까.

면담자　　진상 규명을 하고 싶으세요?

황병주　　해야죠. 내가 할 수는 없겠지만 해야 되는 거죠.

면담자　　진상 규명을 하게 되면 어떤 면에서 의미가 있다고 생각하세요?

황병주　　어떤 면에서 의미라기보다, 진상 규명을 해야 되지 않겠어요? 그래야지 애들도 억울하지 않을 거고, 가족들도 그럴 거고. 또 앞으로 사회가 그래야지 더, 확실한 진상 규명을 해야지 뭐, 다른 제2의 어떤 이런 것도 막을 수 있을 거고. 그게 해야, 해야 되는데 과연 할 수, 요즘에는 '과연 할 수 있을까?' 그런 생각이 되게 많이 들어요.

면담자　　요즘에 촛불집회 계속 있고 그러잖아요? 나가시나요?

황병주　　네, 매주. 한 번 빠졌어요, 저번 저번주에 제가 모임이 있어 가지고. 그거는 처음부터 계속 나갔죠.

면담자　　그러면 어쨌든 저희에게도 탄핵 과정도 좀 놀랍고, 또 어떤 많은 분들에게는 약간 희망을 주는 경험이기도 하고요. 하지만 또 어떤 분들은 여전히 '결국은 안 될 거야' 하는 반응도 보이시고 다양한데, 잠수사님께서는 이런 과정 속에서 희망을 보시나요? 아니면?

황병주　　저는 희망을 봐요. 희망을 보고, 나는 '희망이 보인다'고 생각은 하는데, 다른 어떤 사람들은 많이 그러더라고요, "저 탄핵이, 대법관들이 뭐 안 될 수도 있다". 근데 저는 '아닐 거'라고 생각해요, '될 거'라 생각해요. 왜 그러냐면 그분들도 다 어떤 최고의 자리에 있었는데, 앞으로 탄핵이 안 됐다 그러면 거기에 그 당시에 [헌법재판소에] 사람들이 누구누구 있었다는 게 계속 남은, 역사에 어떤 저거가 될 거 아니에요? 자기가 그렇게 똑똑한 사람들인데 (웃으며) '그걸 모르지 않지 않을까? 자기가 역사에 그런 오점을, 자기의 인생을 오점을 안 남기고 싶을 거다'.

면담자　　　　사람들이 다 그렇게 부끄러워할 줄 알면 벌써 우리나라가 잘됐을 거예요(웃음). 그분들은 오히려, (황병주 : 모르겠어요(웃음)) 그분들은 오히려 여기서 탄핵을 하면 오점이라고 생각하는 사람들도 있을 수 있어요.

황병주　　　　그럴까요? (웃으며) 그러면 내가 잘못 생각한 건가?

면담자　　　　다 황 잠수사님 같은 분들이면 벌써, 부끄러운 줄 알면 벌써 이렇지도 않았죠.

황병주　　　　그러면 안 되는데, 그럼 큰일 나는데(웃음).

면담자　　　　이번에 그 우병우 민정수석도 와서 이야기하는 거 보세요. 모른다고 하잖아요, 계속.

황병주　　　　걔하고 대법관들하고 [다르길], (웃으며) 나는 아니었으면 쓰겠는데, 아닐 거라고 믿는데, 그러면 큰일 나죠.

면담자　　　　네, 2차 구술 이제 마쳤습니다. 혹시 아쉬운 거, 이야기 더 하고 싶으신 거 있으세요?

황병주　　　　글쎄, 지금은 잘 기억이 안 나서. (웃으며) 지금, 지금은 잘 모르겠는데, 나중에.

면담자　　　　네. 나중에 혹시 하시고 있으신 이야기 좀 있으면 다시 또 불러주세요. 정말 너무 힘든 이야기고, 지난번도 그렇고, 이번도 그렇고, 개인적으로도 그렇게 힘든 부분에 대해 말씀해 주셨는데요.

황병주　　　　근데 [유]가족들만큼이야 하겠어요? 근데 가족들하고 저희하고는 다른.

면담자　　　　그렇죠. 다른 종류의, 그렇죠. (황병주 : 다른) 네. 어려운 이야기인데 해주셔서 너무 감사드려요. 저는 지난번과 이번에 해주신 말씀이 진상 규명과 그 당시에 정말 마음을 다해서 애쓰셨던 분들의 명예를 회복하는 데 도움이 될 수 있을 거라 생각하고, 저도 이제 그렇게 될 수 있도록 제 역할을 다 하겠습니다.

황병주　　　　네, 감사합니다

면담자　　　　여기서 마치도록 하겠습니다.

황병주　　　　네, 수고하셨습니다.

면담자　　　　수고하셨습니다.

4·16구술증언록 잠수사 제2권

그날을 말하다 잠수사 황병주

ⓒ 4·16기억저장소, 2020

기획 편집 4·16기억저장소 ｜ **지원 협조** (사)4·16세월호참사가족협의회
펴낸이 김종수 ｜ **펴낸곳** 한울엠플러스(주)
초판 1쇄 인쇄 2020년 4월 1일 ｜ **초판 1쇄 발행** 2020년 4월 16일
주소 10881 경기도 파주시 광인사길 153 한울시소빌딩 3층
전화 031-955-0655 ｜ **팩스** 031-955-0656 ｜ **홈페이지** www.hanulmplus.kr
등록번호 제406-2015-000143호

Printed in Korea.
ISBN 978-89-460-6790-5 04300
        978-89-460-6801-8 (세트)
* 책값은 겉표지에 표시되어 있습니다.